纸上耕耘　润泽心田

我们只有一条理由保护这些古城古镇古村，因为那是我们的根。

山西太原赤桥古村

甘肃白银永泰古城

青海西宁丹噶尔古城

山西晋城上伏古村

甘肃天水梅江古村

陕西汉中城关古村

陕西商洛凤凰古镇

陕西安康后柳古镇

湖北襄阳谷城老街

湖北十堰军店老街

四川南充石河场古村

重庆巫山龙溪古镇

湖北恩施红土溪古镇

广西桂林界首古镇

广东雷州东林古村

广东雷州潮溪古村

海南儋州盐丁古村

海南澄迈大美古村

北京门头沟爨底下古村

河北石家庄天长古镇

河北石家庄大梁江古村

河北邢台英谈古村

河南林州任村古镇

河南禹州神垕古镇

江苏盐城安丰古镇

江苏盐城富安古镇

江苏常州焦溪古村

江苏常熟支塘古镇

安徽六安毛坦厂古镇

湖北武汉谢家院子古村

江苏苏州盛家库老街

湖北武汉黎黄陂路老街

浙江绍兴沥海所城

安徽黄山灵山古村

浙江丽水考坑古村

江西抚州大耿古村

江西抚州疏口古村

福建宁德大京所城

福建宁德杉洋古镇

福建福州东庠岛古村

福建龙岩芷溪古村

福建泉州茂霞古村

福建泉州蟳埔古村

福建石狮锦江古村

福建晋江井林古村

福建龙岩南江古村

福建漳州洪坑古村

福建龙岩初溪古村

福建漳州埭尾古村

广东河源南园古村

p300
p262
p340
p292
p272
p220
p204
p210
p140
p149
p371
p348
p126
p354
p160
p168
p280
p286

p362
p242
p248
p254
p190
p198
p98
p103
p114
p224
p132
p108
p120
p152
p332
p234
p324
p308
p321
p88
p58
p10
p32
p78
p38
p70
p64
p24
p50
p16
p44
p176

阮仪三　主编

遗珠拾粹

中国古城古镇古村踏察

四

中国出版集团
東方出版中心

序言

石楠

1978年10月，我第一次独自远离家乡江苏如皋，一个普普通通的县城，进入南京大学，读的是城市与区域规划专业。告别小县城进入省会，觉得眼花缭乱。毕业后我被分配到北京工作，更是折服于京城的辉煌壮阔。后来我到国外留学，在世界各地考察，领略海外风情，惊叹于多元文化的绚丽多彩。一次有一位记者采访，问我最喜欢什么城市，我居然脱口而出："小城市。"心中泛起对故乡的怀念。

如皋也算是历史名城，设县治已有1600年历史，江尾海隅的区位，交通其实并不很便利，文化上处于南北交融地带，留下不少独特的遗产，比如，已故园林学家陈从周先生赞誉为"私园中别具一格"的水绘园，还有全国罕见的山门朝北开的千年古刹定慧寺，以及形如古钱的双环护城河格局，丁字街端头的钟楼等。记得小时候我每天踩着有些湿滑的石板路，穿过窄窄的街巷，到学校上课。放学后我和一帮好伙伴钻到水绘园公园，再翻过城墙，嬉戏于造纸厂的一排排草垛里……故乡始终是蕴藏在心底里的记忆。我曾经在工作后趁着春节探亲的机会，拍了一些老街古巷的照片，可惜这些街巷后来

都被陆续拆除。只有双城河的格局依然保存着，水绘园得以重修，并且列入全国文物保护单位。

说起来，我对于小城市的偏爱，不只是源于对故乡的依恋，还在于大学及工作中接触到的历史文化遗产知识。我渐渐理解了，有价值的岂止于皇城的昔日辉煌，还有那些历史文化名城、名镇、名村。一座普普通通的小镇，可能就是一段历史的缩影，不经意间会泄露出历史的密码。甚至不只蕴涵于城市，而在广袤的土地上，在那些鲜为人知的集镇和村落里，完好地保存了中华文明的历史基因。

历史文化犹如一条流淌的河，每个人其实都浸淫于这长河里，大家都在不断地汲取养分。只是有人为此添砖加瓦，有人数典忘祖，干着荒唐的事情。早在出生那天，我们的身体就已经烙上了历史文化的印记，我们血脉中流淌着的，是千年积淀的东方传统。我们可以有一百条现实的理由，要拆除那些没有列入保护范围，甚至没有进入专业人员视野的遗产，但我们却只有一条理由即必须对文化遗产负责：那是我们的根。

感谢阮仪三教授，还有他的团队，以及好些素昧平生的规划师、建筑师、研究生，他们做了一件功德无量的事，真实地记录了一处处古城、古镇、古村。这些古城古镇古村，有些已经列入保护名单，有些还“深藏闺中”。阮教授和他的团队辛勤地挖掘，认真地踏勘，收集第一手资料，把这些瑰宝记载下来，让更多的人认识到它们的价值，进而推动它们妥善地保留下来。

记得若干年前的一天阮教授找到我，谈起他手里有一些古城古镇古村的调研资料积累，很宝贵的材料，别的杂志不愿意发表，他希望通过《城市规划》杂志与大家分享。

作为一份学术期刊，发表这些具有学术价值的调研成果，是一份责任。但在当下对一个没有任何财政补贴的刊物，靠自己的发行和广告收入来支撑这类很明显不具备市场效应的内容，的确是一种冒险。但最终，我们还是为这些调研内容和它背后的精神所打动。这些参与调查的大学老师、学生，何尝不是在作奉献？

于是，我们双方商定，以“遗珠拾粹”为栏目名称，由阮仪三教授主持，指导大家收集资料并整理调查报告，由中国城市规划学会的会刊《城市规划》杂志每期无偿提供两个彩色页面予以刊登，也算是对这项成果的支持。杂志的编辑和参与调研的人员密切配合，字斟句酌，仔细比选，采取图片为主、文字为辅的形式，立足文化遗产保护，重在真实记录。

就这样每月一期，于 2012 年 7 月连续发表了 100 期。这期间，国家颁布了《城乡规划法》《历史文化名城名镇名村保护条例》等重要法规，社会上对历史文化遗产的保护意识得到很大加强。有一些我们杂志上介绍过的城镇，已经被列为名城、名镇，这是我们共同坚持不懈的成果。承蒙东方出版中心慧眼，将这些调研成果经整合后分为两卷结集，于 2013 年 4 月出版了《遗珠拾粹——中国古城古镇古村踏察（一）》和《遗珠拾粹——中国古城古镇古村踏察（二）》，出版后在业界引起了良好的反响。

时隔七年，现在我们已连续发表了 200 期，东方出版中心将 101~200 期的内容精心整理、用心编辑、精美设计，予以出版，共同铸就了《遗珠拾粹——中国古城古镇古村踏察（三）》和《遗珠拾粹——中国古城古镇古村踏察（四）》。这七年间，国家加大了遗产保护的力度，尊重、珍惜历史文化逐渐成为大家的共识，特别是伴随着全面建成小康社会，人们的需求发生了变化，越来越多的人愿意去欣赏、体验这些古城古镇古村，并参与到其保护和传承工作中去。

阮先生嘱咐我为这套书写序，我一不敢班门弄斧，二不敢违抗师命，于是，记载下这段简短历史，作为回顾；也借此希望大家能够真正地重视这些古城古镇古村，珍惜中华民族的历史文化遗产，在快速发展的工业化、现代化和全球化步伐中，稍稍放慢自己的脚步，心怀敬意地体会一下古城古镇古村给我们带来的宁静和尊严。

愿造物主遗落在神州大地上的这些珍珠，持久地发出璀璨的光芒！

（作者为中国城市规划学会常务副理事长兼秘书长，
《城市规划》杂志执行主编，教授级高级城市规划师）

目录

前言

阮仪三

《遗珠拾粹——中国古城古镇古村踏察（一）》和《遗珠拾粹——中国古城古镇古村踏察(二)》在《城市规划》杂志石楠主编的支持下于2013年出版，这是我带领弟子们调研的中国100个古城古镇古村而形成的调研合集。现在7年过去了，又积累了第二批100个古城古镇古村调研，现将其集中再汇编成《遗珠拾粹——中国古城古镇古村踏察（三）》和《遗珠拾粹——中国古城古镇古村踏察（四）》予以出版。需要说明的是，收入这两本书中的古城古镇古村基本按照区域分类，并对原文略作调整。因调研时间跨度较大，调研报告中相同作者的学校、单位、职务等相关信息会有所变动。另外，调研对象的现状可能有所变化。书中所署调研者的身份和调研主体状况均系调研时。

这些古城古镇古村的调研，我常称之为“踏察”，我们的踏察不是走马看花地拍几张照片。我们是从保护历史文化遗产的角度出发，脚踏实地调查，实事求是地写出报告，并且和当地政府取得联系，这样才能切实地取得第一手资料，反馈也才能取得实

效。这些都是珍贵的历史文化遗产，而且我们找到的，往往又是富有特色的城、镇、村，我们通过敏锐的洞察力和专业技能把它们的特色写出来、把它们的现状拍出来，让没有去过的人也能了解。除了拍摄真实的场景照片，我们还找当地老乡们交谈以核证史实，返沪后还需查阅有关文献资料，在当地也要找规划城建部门收集有关地形图、城镇平面图，有了这些资料，这份图文并茂的调查报告才有根有据。

对于这些调研，我制订了统一的要求，调研内容包括：古城古镇古村基本概况，地理区位、行政归属、主要特点和突出风貌描述；自然地理环境与选址；建制沿革与发展简史；社会与经济发展概况；古城古镇古村的形成和在发展中的地位；总体格局与街巷体系；居住建筑、公共建筑与其他古迹分布及特点；公共空间节点（如桥梁、广场、河边、城楼等），有特色的景观和重要遗址；文化特征与民俗风情，如地方文化传统，重要民俗节庆仪式，历史名人轶事，居民日常生活状况，传统服饰与风味饮食，宗教信仰，地方文化或曲艺等。最后对古城古镇古村现状特征与保护价值作出评定，并提出保护策略与发展建议。

调查工作通常分两部分进行：

现场实地踏勘（10 ～ 15 天）收集第一手资料；返回后进行业内工作，包括文献查阅、资料分析、图片整理与绘制成果汇总。

调查成果主要内容每份都由我仔细修改后成为“遗珠拾粹”专栏稿件，

其基础资料存档；同时成果还提供给各省市县级地方政府，为地方城市历史遗产保护与开发管理提供依据。我们调研的许多古城古镇古村及历史街区，其中多个经过和他们协同申报而成为国家级的名城、名镇、名村和历史街区，对它们的保护也就有了一定的保障。

经过这些年“遗珠拾粹”栏目的连载，已使众多的古城古镇古村和历史街区扬名于越来越多的社会群体间，也使这些原本平静的地方吸引了越来越多的学者、游客和开发商。或许，我们的呼喊可以使这些美丽的地方免于遭受推土机的毁灭，但如何使这样美丽的地方依然留存古朴而和谐的生活，是我们继续奋斗的方向。

这些年来城镇化的速度突飞猛进，很多地方大片开发房地产，城市土地紧张，拆旧房、毁老城的情况就特别严重。因为已经有国家级的历史文化名城、名镇、名村，有人认为不在名单内就用不着保护了，于是就出现了野蛮拆迁的情况。有的城镇对保护历史建筑的意义和方法不了解，就采取了简单的拆旧建新的方式；有的地方政府找了一些不懂古城保护的设计单位，设计建造了许多假古董的建筑，却拆掉了成片有价值的历史建筑；有的地方政府缺少对历史文化遗产保护的正确理念，分不清保护的基本原则与方针，热衷于城市表面的光鲜亮丽，而不知道历史文化遗产的价值所在，这些年来多处冒出来的假古董，就是佐证。许多地方拆了真古董造假古董的做法更是层出不穷，所以我们的调研活动，并不只是进行学术研究的调查、测绘和收集材料，更重要的是在地区间交流保护方法与经验，因地制宜地为各地方提出保护管理的建议措施，并长期关注这些地区的发展建设活动，防止多元的历史文化遗存在不经意间被损毁。

回过头来看本书中提及的古城、古镇、古村都洋溢出一片古朴的气息，有着质朴而真实的风貌。它们依山傍水，茂林修竹，村口有风水树，背靠祖山，绿水青山，街衢通达，老房子、老院子、老树、古井、石蹬……呈现出一派宁静、祥和的景致。现在人们经常说的“乡愁”，就是人们追寻过去生活的痕迹和对消逝了的场景的怀念。这乡愁就是一种思乡之情，那些假古董是激不起思乡之情的，我们现在对这些古城古镇古村做的保护规划，就是为人们保护历史文化遗产。这些古城古镇古村都是由于当地人民的爱护，才会在这些年来旧城改造中得以留存，它们的完整留存就使后人能够了解过去的历史风貌，能够追溯往昔的生活场景，比如古老的社会形态、传统的风水格局、家族及家庭的亲情伦理，以及古人择址时的“相土尝水、象天法地”的理念与山水和谐相处的天人合一的环境。

现在，参与调研的人多了，调研报告多了就有挑选的余地，所以选中的标准也相应地提高，有的作者写几篇也没有被录用，大多是选材问题，换一个再来，有的每投必中，那是有经验了，选材和文笔都好，我要给这些弟子点赞，他们是赵逵、张杰、袁菲和葛亮。袁菲、葛亮帮我组织每年的假期调研并亲自踏察；汪娴婷帮我整理稿件供我审阅，我是每篇必看、每图必审；《城市规划》编辑部一直保持业界高水准，这就保证了书稿的质量。最后我要感谢《城市规划》编辑部李林、王文彤、庄淑亭、潘斌等编辑以及本书的责任编辑戴欣倍、美编钟颖等人的辛苦付出；感谢同济大学、上海同济城市规划设计研究院有限公司一直以来的支持。

习主席曾说过“绿水青山就是金山银山”“要像爱惜自己的生命一样保护好文化遗产”，这些话已逐步深入人心。中国地方大得很，我们要多跑些地方，积累更多的材料，切实做好保护工作，让更多的读者能够了解到这些尚不太为人知晓的中国历史文化遗产。

芷溪村全景

福建龙岩芷溪古村

1. 概况

芷溪古村位于福建省龙岩市连城县南部，玳瑁山系西侧，东邻庙前镇，南接上杭县蛟洋乡，西倚上杭县南阳镇，北靠新泉镇，距连城县城 52 千米，距龙岩市区 65 千米，距厦门 265 千米，319 国道、龙长高速公路贯穿全境，距冠豸山火车站 28 千米，距冠豸山机场 48 千米，区位优越，交通便捷。

芷溪村历史悠久，因古时村边溪流两岸长满芷草而得名，是第二批福建省历史文化名村、第五批中国历史文化名村。南宋以前属新罗县、长汀县，南宋至民国时期，芷溪属连城县。新中国成立后，设芷溪乡，1984 年后为行政村。村落面积约为 10.8 平方千米，主要聚居黄、杨、邱、华四姓客家人，以黄、杨两姓居多。其中，北宋以前邱、华两姓客家人就定居于芷溪，并成旺族；明成化年间（1465—1487 年），杨、黄两姓客家人到此开基。清末民初，芷溪已是“千烟之家”的大村落了。

商铺

黄氏家庙

正街

2. 古村布局

芷溪古村落包括11个小聚落。整个古村落周边群峰环列，村落内部山陵与聚落、农田相互交错，芷溪（溪流）从村落中穿过，将分散的小聚落串联为一个整体，形成了“依山傍水、山抱聚落、聚落抱山、一水勾连”的极具特色的村落总体空间形态。

芷溪古村落内部主要街巷与水系相伴，形成“双网状”的道路系统与水系。水系主要是南北走向的石寨陂水圳和东西走向的茶山口大水圳，这两条水圳流经芷溪的主要街巷，水、道平行而行，有水的地方必有路。其次，街巷主要有拱桥店、凉棚下街、三角坪和十字街等，其余的街巷以这几条街道为中心，或平行，或交叉，或垂直，纵横交错，形成了一个网状的街巷系统，街巷总体较为狭窄，尺度与周边建筑群形成了良好的视觉关系。在主要街巷的两侧散布着深宅大院、宗祠书院、庙宇等，形成了一系列富有特色的步随景移又充满生活气息的街巷景观。

街巷之一

街巷之二

街巷之三

街巷之四

耀南公祠

澄川公祠

永裕堂

3. 建筑特色

村落内传统建筑类型丰富，现保存有大量的民居、宗祠、书院、寺庙、桥梁等，其中，保存较好的有宗祠40余座、民居60余座。

民居类型较为丰富，有三厅二直（如慎修堂）、四厅四直（如集鳣堂）与多厅多井式等。其中，较为典型的是“九厅十八井”的多合院布局形式，该建筑是以三开间的三合院为基础，向前后纵深发展，组合出五进的合院空间，同时往两翼发展横屋，横屋与主体之间形成众多的狭长天井，天井间以过水廊相连接，既解决了交通联系问题，又使天井空间有了分隔，不至于一览无遗。同时，过水廊多建得比较宽敞，作为侧厅使用。另外，由于地形和古风水观念，民居的朝向十分独特，基本采用坐东朝西的朝向，但是，其大门转折开向南面，创造了一个丰富多变的入口空间。

祠堂建筑造型中最有特点的是其门楼，当地有“千斤门楼四两屋”的说法，门楼主要有三种：砖雕配以灰塑、彩画的八字门楼，木雕牌坊式的门楼与石雕牌坊式的门楼，建筑主体飞檐翘角，雕梁画栋，木雕、砖雕、灰塑、彩绘等装饰手法突出，具有较高的建筑艺术水平，实用性极强，极富地方特色。

培兰堂内天井

建筑主体飞檐翘角

民居木雕

4. 保护建议

芷溪古村历史悠久，而且保留了大量类型丰富、工艺精湛的传统建筑，其古村落的整体风貌尚存，街巷空间保存较好，现为国家级历史文化名村。但芷溪的水圳由于倾倒生活垃圾与修建水电站，多处被堵塞，或被截留，水源干涸，已经不复往日四通八达、清澈见底的旧貌，严重影响了芷溪的村落格局与街巷空间的风貌，亟待疏通与整治。其次，村落环境卫生亟待改善。再次，村落内新建建筑高度、体量等与古村落的传统风貌冲突现象突出，需要加强管理、规划控制引导、制定相关的政策制度，并应加强对村民的宣传教育等。

图文：
张　杰　华东理工大学副教授
庞　骏　上海对外经贸大学副教授
严　欢　华东理工大学硕士研究生
参与调研人员：
徐珊珊　马启达　叶春阳　彭媛媛　王依丽　游　家

初溪村整体鸟瞰

福建龙岩初溪古村

1. 概况

福建省龙岩市下洋镇初溪古村位于龙岩市最南端，北距永定区约 70 千米。初溪又名麤溪，相传徐氏先祖狩猎发现 3 只野鹿，追寻至初溪，野鹿不见了踪影，却发现周边群山环绕，溪水潺潺，风水甚好，便带领族人迁徙至此，开基立业。因“麤”与“初”同音，村落又恰好靠近溪水的源头，故得名初溪村。

南北向穿过村庄的溪流

初溪村肌理图

初溪村总平面图

目前，很多闽南古村落被大力开发成旅游景点，丧失了自然风貌，初溪村却未经过度开发，基本保持了传统村落的格局，周边自然山水格局保持不变，村民自然耕作。近几年大部分劳动力外出务工，逢年过节返乡并举行传统仪式，代表了永定地区的传统村落文化。

2. 古村布局

初溪古村落坐落于永定博平岭山脉之中，四周环绕着层峦叠翠的山峰，蜿蜒的两条溪流分别自东向西、自南向北，汇聚于村口。整体地形南高北低，土楼群坐南朝北。

徐氏的先祖在明朝永乐年间（1403—1424 年），于两溪交汇处的台地上修建了第一座圆形土楼集庆楼，随着家族人口的增长，后世族人又于溪边逐渐修建起余庆、绳庆、共庆 3 座楼。4 座土楼与蜿蜒的溪流形成一种相互协调的韵律美，同时互为掎角之势，易守难攻，起到很好的防御作用。

两溪交汇处的台地上的土楼

清朝年间，初溪村逐渐形成了一定的规模，沿着山间的溪流向南面的山坡上蔓延开来。与此同时，随着人口的增多，村民们逐步将南面的坡地开垦为梯田。为了增加前往梯田耕作的便利性，甚至修筑了延伸至梯田腹地的线性建筑组团。山峰、溪流、梯田与层层叠落的建筑，它们依山傍水，错落有致，独特的建筑风格和古老的韵味具有较高的美学和历史价值。古村整体布局顺应自然又极具变化，体现了客家先人天人合一的营造思想。

依地势变化的卵石台地

初溪村南北向主街马头路是最古老的一条主路，由大块卵石铺设而成。它最早平行于村中溪流，连接和庆楼（已毁）与集庆楼，后逐渐发展演变为主街。马头桥是一座东西向石桥，1996 年因洪水冲垮而重建。马头桥将庚庆楼与集庆楼跨溪连接在了一起，成为联系土楼的主要街巷。

同时，结合丘陵地带的环境，初溪村也涌现出很多特有的街巷，如圆形土楼与方形土楼之间围合出的巷道，充分利用了锐角空间；土楼与布满青苔的卵石台地之间围合成的巷道，充分利用了地形；土楼背面的小径，有机地结合了建筑与周边的自然环境。这些多变的空间，形成了灵活的生活场景，体现出村民的智慧。

村落南部梯田与建筑依地势相邻

传统村口的活动空间——马头路街景

土楼间的自然巷道

马头桥旁的传统小店铺

土楼的入口

3. 建筑特色

村落建筑形式多样，可分为土楼和传统民居两类。土楼又可细分为方楼、圆楼和半圆楼，其中至今保留完好的土楼多达数十栋。

集庆楼是闽西客家至今尚存年代最久远的圆楼。集庆楼坐南朝北，为双环形土楼，高4层，每层56开间，是初溪最大的土楼。与所有的土楼不同的是，集庆楼用72道楼梯，将土楼分割为多个独立的单元，单元之间以杉木板相隔开，营造了私密性较强的空间。每个楼梯服务一个单元若干户的形式，与现代单元式住宅楼极为相似；这种特色的空间分割，在土楼历史上也仅限于集庆楼一栋，后面由于技艺、造价等原因没有延续下去，集庆楼也因此被称为“楼梯最多、最奇特的土楼”。

除集庆楼外，还有保存较为完好的余庆楼、绳庆楼、庚庆楼、锡庆楼等，它们的名字中都有一个“庆”字，代表了客家人对生活的美好憧憬，这些土楼共同组成了别具特色的土楼建筑群。

集庆楼内院俯瞰

集庆楼内部特殊的楼梯系统

集庆楼入口

旅游开发后增加的水泥扶手

4. 保护建议

初溪古村落已经进行了部分旅游开发，随之而来的问题也显现出来。首先，村民们进行了许多不恰当的改建、新建，影响了村落的整体建筑风貌。其次，旅游开发也带来了一些环境污染，破坏了初溪周边的自然环境。

初溪古村的保护价值不只局限于建筑，还在于其延续至今的自然、社会环境。首先要保护村落的自然资源，不能破坏村落赖以生存的土壤；其次要关注初溪古村的社会组织关系，维系初溪古村存在数百年宗族聚居的特色；最后，要维持初溪古村的原生态生活环境，不能因为过度开发导致村落的商业化，从而丧失其原本的价值。

图文：
肖　铭　华侨大学建筑学院副教授
汪　燃　华侨大学建筑学院硕士研究生
赵　逵　华中科技大学建筑与城市规划学院教授

南江古村落全景

福建龙岩南江古村

1. 概况

南江古村地处福建省龙岩市永定区与漳州市平和县的交界处，距离湖坑镇约 8 千米，是闽西著名的革命基点村之一。南江村属于低山丘陵地貌，东西两侧山脉连绵，整个地势呈南高北低，形成两山夹一沟的河谷盆地。

明崇祯年间（1628—1644 年），闽江氏添满公在南江开基立业，并建造土楼居住，历经数百年形成了现在的南江村。村落总面积 5.5 平方千米，拥有方形、圆形、前圆后方形等多种形态的土楼 23 座。周边青山绿树、层峦叠翠，村内小桥流水与古色古香的土楼相辉映，共同呈现了客家古村落的整体风貌。

2. 古村布局

南江村东西两侧群山自南向北延伸，此为“山龙”，村落正位于龙脉集结之处。南溪蜿蜒贯穿整个村庄，与西南侧的石浦溪于村中交汇，这正是“水龙”龙尾所在。村落整体背山面水、群山环绕，聚大

南江古村整体鸟瞰

入村小路

自然灵气于一处，体现出了中国传统自然观“天人合一”的思想。

南江村空间格局具有明显的演变特征。明朝时期，村庄主要建造于地势较平缓的溪流上游地区；到清朝时期村庄逐渐沿溪流向下游发展，依地势而建；随着村庄的不断壮大，布局则逐渐紧密聚集于风水景观良好、地势平缓的溪流交汇片区；民国之后，土楼的建造减少，但村庄依旧围绕早期土楼、依山水地势发展。至今，村落呈狭长带状分布，且依溪流分为 4 个组团，两支溪流环抱形成的片区为传统风貌保存最为完整的片区。

村落主要有两条对外交通道

村头的溪流以及两侧民居

古桥流水与建筑关系

路，东北侧是一条古村道，西南侧为2012年新建成的309省道，上接芦溪镇，下接湖坑镇。溪流两岸修建有环村游步道，并有3座桥梁连通两岸。对外省道、古村道、环村游步道以及联系民居之间的小路，共同构成了村落自然便捷的道路系统。

村落整体风貌保存良好，拥有较多的传统风貌建筑，现代建造的建筑虽未沿用土楼的形式，但外墙多采用土黄色的涂料，尽量与传统建筑风貌保持和谐。青山、绿水、小桥、古道与明清古建筑融为一体，营造了一幅和谐的闽南古村落景象。

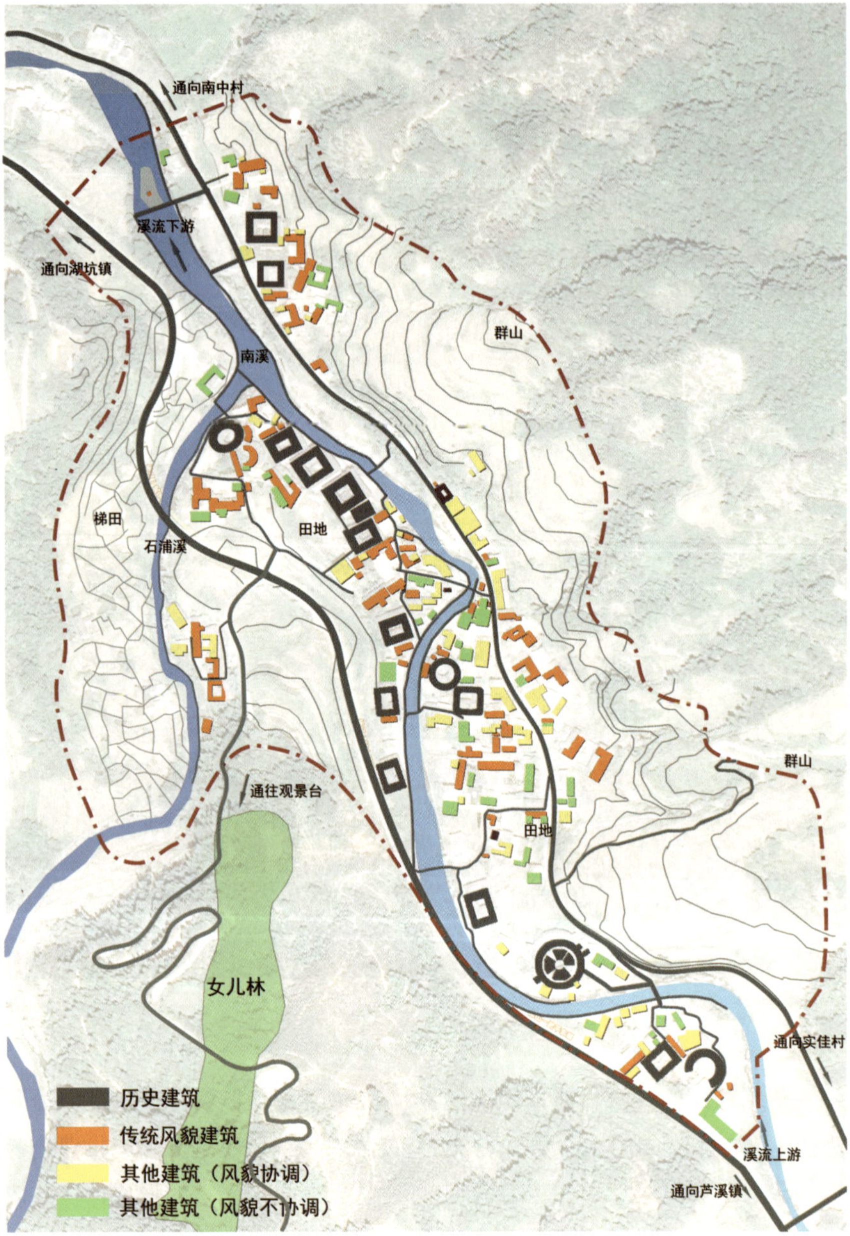
通向南中村
溪流下游
通向湖坑镇
群山
南溪
梯田
石浦溪
田地
群山
通往观景台
田地
女儿林
通向实佳村
溪流上游
通向芦溪镇
历史建筑
传统风貌建筑
其他建筑（风貌协调）
其他建筑（风貌不协调）

南江古村落风貌示意图

四座方形土楼与半山腰的民居

明壁楼（圆形）和东成楼（方形）

3. 建筑特色

南江土楼大多在 3 层及以上，由生土夯筑而成，体量庞大，土黄色的墙体配以黑色大出檐屋顶，加之建筑内部的木构架，形成了坚固又极具古朴粗犷之美的建筑形态。土楼建筑造型多样，从最初的方楼和圆楼又演变出八角方形土楼和前圆后方形土楼等。

土楼内部空间丰富多样，但又严谨有序，呈现中轴对称的布局。土楼极具向心性，中心或是完全的开放空间，形成宽敞的公共空间；或是几进院落，依照中轴对称布局，各层走廊完全畅通，环绕整个建筑内部空间。这种布局形式既方便了住户之间的交流相处，也充分地利用了空间，营造了一种完全内向的院落氛围。

村内的每一栋土楼都有自己独

西成楼

南江古村落建筑年代分析图

振阳楼内的老水井

特的历史特征，这也是永定土楼的魅力之一。始建于康熙年间（1662—1722 年）的振阳楼是南江村保存完好的年代最久远的土楼，占地 1400 平方米，高 4 层，门厅处有小鹅卵石砌成的铜钱图案，极其精美有趣。天井内还留有一口古井。这里曾居住过多位革命先烈，如今依然还有 20 多位居民居住，守护着这栋具有纪念意义的土楼。

4. 民俗文化

南江村为客家古村落，主要为江姓居民居住，数百年的历史积淀孕育了南江村特色浓郁的民俗民风。

天后宫，坐北朝南，坐落于溪流分岔处的黄金坝上，庙内供奉着全村人的信仰神——妈祖。每年的农历三月二十三日妈祖的诞辰日以及每月的初一、十五，全村人都会前来祈福祭拜。

天后宫

大部分土楼建筑质量良好

受损的传统建筑

“作大福”是民间的迎神赛会，清康熙以前称为“打醮”，是一种人们为除灾求平安而设祭坛祈祷的活动。在南江村每3年筹办一次。村民们会在农历十月份集资举行请神、敬神、唱戏等系列活动，历时4天，场面隆重壮观。

嫁女种树，是南江村村民自发形成的约定俗成的文化风俗。每位姑娘出嫁前都会在山上种下一棵树，并系上鲜艳的红布条，以此来感念父母的艰辛劳作。历经多年形成了如今的女儿林，也成了一处独特的风景。

5. 保护建议

南江古村保留着较为完整的传统格局，但近些年的开发建设，对传统风貌仍有一定影响。村落土楼大部分仍有居民居住，建筑质量良好，部分建筑年久失修，亟须定期维护。有些建筑的建造影响了传统建筑的保护，且拆旧建新的情况时有发生。村落如今正在发展旅游业，逐步整治环境，修建公共活动场所以及农家乐等建筑。在此过程中应切忌大拆大建，以免损害村落的历史风貌、传统格局以及传统建筑，唯有保留村落的传统特色，才能实现村庄的最大发展。

图文：
肖　铭　华侨大学建筑学院副教授
于明晓　华侨大学建筑学硕士研究生
赵　逵　华中科技大学建筑与城市规划学院教授

林木苍翠的茂霞村

福建泉州茂霞古村

1. 概况

茂霞古村坐落于闽南著名的侨乡——岵山镇东南部，岵山盆地内，为岵山古镇现有六大行政村之一。村域面积3.73平方千米，东临东山，西临庵尾，南临篮嘉山，北临黄乾岭，金溪河自西北向东南贯穿全村。村内山地与林业用地居多，森林覆盖率高达75%。古村周边环有泉三高速、泉德公路、莆永高速，以此为中心的3小时交通圈覆盖福建省大部分经济发达地区，可便捷通往泉州、三明、永春县城及周边景区。

具有千年历史的茂霞村自周显德三年(956年)就有陈氏族人在此居住，直至今日陈氏依旧为第一大姓。明朝时期茂霞村属永春十三都。新中国成立初期，后头寨与霞奏合并成为岵山区茂霞乡，1984年改为茂霞村委会。2012年茂霞村成功入选中国首批传统村落，成为永春县第一个国家级的古村落。2015年又被农业部推介为中国最美休闲乡村之一，同年还被评选为福建省十大醉美村落，是典型的传统古村

茂霞村内水系

落与美丽乡村的结合体。

作为区域特产的荔枝是岵山重要的经济作物，在茂霞村内荔枝树连绵成片，其中，百年以上的乌叶荔枝达 600 多株，散植于古厝、稻田、池塘之滨，形成了茂霞村独具特色的古树绿化。其中，著名的“夫妻荔枝王”，树龄皆逾 500 年，树干直径 2.5 米，年产量高达 1800 斤，经济价值巨大。

2. 古村布局

茂霞村整体呈现 1 条主街加 3 个小聚落的格局，整个村落呈现“屋在林中、林在园中”式的盆地聚落景观风貌。村内建筑呈枝状排布。在大厝的分布上则以各家族或各支系的祠堂或祖屋为中心，逐渐壮大形成各个组团形态，反映出闽南人深受宗族血缘关系影响聚族而居的特点。

街巷道路之一

街巷道路之二

主街和塘街是重要的交通干道，联系着和林、茂霞、塘溪3个自然村。和塘街经历了民国初年、20世纪30年代与新中国成立后至20世纪90年代3个阶段的建设，现今全街长约2.4千米，呈东西走向。街道两侧商业骑楼林立，依稀可见“车水马龙、商旅如缕”的繁盛景象。

村内现存两处距今400多年的明朝防御型石砌古寨——福茂寨与石城寨。始建于1526年的福茂寨被誉为闽南聚落的宝寨，自泉州户良司员渠公建寨筑祠后至今，是村域内重要的标志性建筑。全寨占地1.3公顷，环寨筑有高约7～10米、长达2千米的寨墙，现保存完好。石城寨位于村内五峰岩之上，又名石城盛景，是绝佳的远眺点。寨围用石头垒砌而成，寨内建有庙祠、亭台、姿态各异的十八罗汉雕像等。

3. 建筑特色

除了堡寨，茂霞村的传统建筑是泉州红砖文化区的典型代表。现存的茂霞古厝有69座。建筑类型以传统古厝、中西合璧的祠堂、骑楼等，功能上包括了民居、商业、古墓葬、古遗址、古碑刻等。

独具特色的闽南建筑造型

建筑内部

建筑细部之一

建筑细部之二

建筑细部之三

建筑细部之四

其中，下灶古民居群为面积最大、密集度最高、质量较好的古民居群，共有7组，多始建于明正德年间（1506—1521年），后历经多次重修，为陈氏的崇德、敦庸和南石3个支系族人所有，群体为“住宅围田式”的组团布局，以祖屋为中心集中而居，屋前开垦农田，形成宅、田相间的群落。单体民居平面多为五间张二落双护厝形态，建筑造型较闽南古厝简洁，基础为方石块呈45°砌筑，外墙主体正立面采用红砖，护厝立面则为灰砖，部分采用铜钱漏窗的形式以增加正立面的造型，屋顶采用灰瓦与燕尾脊相结合的方式，与闽南红瓦有明显的差异，屋顶出檐深远，为悬山顶，整个建筑采用搁檩式结构，护厝山花与室内梁柱装饰较为丰富，特别是石雕工艺精湛，多为透雕，建筑天井采用鹅卵石铺设，图案多为铜钱纹，简洁大方。

其他建筑多兴建于20世纪30年代，为华侨侨汇所建，因此，建

敦福堂全貌

农耕文化展示馆明德堂

筑平面为传统合院式，但建筑造型较为简洁，在阳台栏杆、山花、门廊、地板等处留存着典型的南洋建筑特色，建筑材料多为水泥钢筋与砖木结合，较为典型的有金角厝、金谷堂、联兴堂、霞溪堂、玉溪堂、金溪堂、敦福堂、明德堂等。其中，明德堂整体风貌、构建保存完好，而敦福堂则是永春第一座用钢筋水泥修建的民居，为当地华侨陈敦出资兴建，建筑总占地面积约2000平方米，有大小房间共72间。不仅保留了闽南传统民居红砖灰瓦的建筑风貌，同时，增加了西式的古典廊柱护栏，是一座典型的中西结合式建筑。

4. 保护建议

茂霞村历史资源与自然资源丰富，且已进行了初步的规划保护与旅游开发。从2012年开始推出的一年一度的荔枝文化节，已取得了一定的旅游影响力与经济效益。但茂霞村内遗留的古厝较多，切实纳入规划保护与更新的建筑屈指可数，建筑破损程度不一，后期仍亟待进行保护规划，延续其生命力。此外，对于村内其余优秀历史文化的推广还远远不够，要做到可持续性地、发展式地保护茂霞村与岵山镇的传统遗存，其有效途径是联合岵山镇其他村落一起进行联动发展，取长补短，打造出完整的岵山古镇旅游体系。

茂霞村内建筑破损程度不一，亟待保护

图文：
张　杰　华东理工大学景观规划设计系主任
陈维安　华东理工大学硕士研究生
参与调研人员：
庞　骏　孙晓琪　马　丽　周秀秀　杨子乔

古村蚵壳厝

福建泉州蟳埔古村

1. 概况

蟳埔古村位于福建省泉州市市区的东南部、泉州湾晋江出海口北岸，地属丰泽区东海街道，距泉州市区 10 千米，背依鹧鸪山，三面临海。因其雄踞泉州地理之要，扼晋江出海口，曾是古刺桐港辖区，泉州“海上丝绸之路”开通延伸后，成为番船商舶聚集之地，因而其历史文化积淀丰富，是一个以渔业为主、工商业并举的沿海社区，更因其蚵壳厝与蟳埔女而闻名。据记载，1949 年前全村 85% 的住宅均为蚵壳厝，而今蟳埔村仅余数十栋蚵壳厝。

2. 建筑特色

由于特殊的地理位置，加上闽越古俗之遗存，蟳埔村成了闽南沿海的一大民俗奇观，作为“海上丝绸之路”的起点，这里留下了不少海洋文化的痕迹，蚵壳厝便是其中之一。

蚵壳即牡蛎壳，蚵壳厝又称蚝

村内小路

墙面蚵壳装饰

壳厝，始建于宋末元初。据相关专家考证，蟳埔村蚵壳厝的蚵壳并非泉州原产，而是来自非洲东海岸。宋元时期，泉州是中国对外贸易的重要港口，大部分载满丝绸、瓷器的商船从蟳埔起航，沿着闽南沿海航行到达南洋，经印度洋、非洲东海岸，然后到北岸卸货。返航的时候，如果舱内不载货就会形成空船，空船重心不稳则不利于航行，于是船员们就将散落在海边的蚵壳装在船上压舱，载回来后就堆放在蟳埔海边。元末明初，富裕之地泉州经常受到倭寇的侵扰，曾数度遭遇劫难，先民住宅被毁后无力重建新房子，就因地制宜捡些碎砖石砌成“出砖入石”的墙，再把海边的蚵壳捡来嵌饰在墙的外立面，这就是早期的蚵壳厝。

蚵壳厝平面布局与闽南古厝一致，有三间张二落、五间张二落、三间张榉头间止与五间张榉头间止等不同类型。蚵壳厝屋顶为红瓦，燕尾脊，其外墙用灰泥浆黏结、砌筑灰白色蚵壳，与暗红色砖瓦砌成的厝脊构成色彩对比强烈又富有美感的图案。蚵壳厝整座建筑呈现为白色蚵壳墙体，下配花岗石墙基，墙体上红砖砌方框、窗框，红白相间，鲜艳夺目。

蚵壳厝蚵壳的装饰部位有以下几种：①地基以上，四周砌红砖框，框内整堵墙体均嵌以如片片鱼鳞的白色蚵壳，错落有致、简朴大方，属于明清时期“出砖入石”式的建筑墙体。②在地基以上，砌条石或乱石成“《《《”形至窗下，墙角用方石砌柱，然后配以红砖方框，再饰以蚵壳至“鸟踏”下，这种形式除具有实用性外，还有很强的装饰效果。③“鸟踏”以上、屋檐以下的三角区，嵌饰蚵壳，有

蚵壳厝“出砖入石”式的建筑墙体

蚵壳厝屋顶为红瓦燕尾脊

居室内木雕

刘府王爷宫

的还用红砖砌圆窗。④用条石砌墙体至窗下，再用红砖砌成窗，然后以蚵壳装饰，在“鸟踏”下红白相间，鲜艳夺目。

用于砌筑墙体的蚵壳一面凸、一面凹，砌筑时凸面向外，利于排除雨水。由于蚵壳有天然的气孔，且不怕虫蛀，用蚵壳砌的墙具有抗风防暑、冬暖夏凉等特点，很适宜海边多风潮湿的气候环境，且蚵壳砌的墙体十分坚固，更有闽南俗话所称“千年砖、万年蚵”的美誉。

总之，蚵壳厝建筑不仅有着浓厚的民俗气息，而且包含着丰富的美学、工艺学知识，是古代泉州对外贸易的产物，见证着泉州“海上丝绸之路”的辉煌历史。

3. 民俗文化

蟳埔村除却蚵壳厝这一极具地域特色的建筑形式外，蟳埔女习俗同样极富民俗特色，并于2008年6月被收录至第二批国家级非物质文化遗产名录。蟳埔女头戴“簪花围”，耳佩“丁香钩”，身穿“大裾衫”和“宽腿裤”，每天行走在街头巷尾，这种特定的装扮已成了她们叫卖正宗海鲜的“标志”，蟳埔女挑卖的海鲜在当地被视为上乘的海产品，特别是蚝（海蛎）被称为“阿姨蚝”，已成为行货的标志。与惠安女“封建头、民主肚”相比，蟳埔女服饰恰是“封建肚、民主头”，蟳埔女的服装既不露脐也不露肚，延续了汉族传统服饰的立领布纽扣斜襟右衽衣，但其“簪花围”头饰却是五彩缤纷、花香四溢的。蟳埔女的这种服饰具有方便闽南渔女劳作的实用性。

蟳埔女的耳饰也独具一格，未婚女孩佩戴丁香钩耳环，不加耳坠；结了婚的女人则戴加耳坠的丁香钩耳环称“丁香坠”；做奶奶后改戴“老妈丁香坠”的耳环。蟳埔女佩戴的耳环成为区分其辈分的重要标志。

4. 保护建议

目前，蟳埔村的保存状况不佳。自 1999 年旧村改造以来，蚵壳厝被大片拆除，而今仅剩的数十栋保存状况一般的蚵壳厝民宅，亟待进行内部功能改善，应提供适应现代村民需求的居住条件，最大程度地保护这一类型的民居。蟳埔村的民俗旅游开发目前还处于摸索起步阶段，虽然拥有丰富的民俗旅游资源和较大的市场需求及发展空间，但民俗旅游目前仍处于低水平的状态，民俗旅游的规模、产品、服务、从业人员素质等均不能满足日益增长的休闲、度假等市场需求。同时，村落传统民俗文化保护难度较大，年轻的蟳埔女的观念在发生变化，她们对传统服饰不以为然，认为太土跟不上时代，大多不愿意穿戴传统的头饰服饰，从而失去了蟳埔女服饰的特色。所以作为本土文化特色标志的蚵壳厝和蟳埔女习俗，其传承与保护亟须更多的关注与重视。

蚵壳厝民宅亟待进行内部功能改善

图文：
张　杰　华东理工大学景观规划设计系主任
杨子乔　华东理工大学硕士研究生
参与调研人员：
庞　骏　陈维安　孙晓琪　马　丽　周秀秀

埭尾村全景

福建漳州埭尾古村

1. 概况

埭尾古村位于福建省龙海市东园镇西部，距厦门约 50 千米，距龙海市区 10 千米，距漳州港 12 千米，区位交通便捷。

埭尾村原名柑埭社，是陈氏宗族村落，其开基始祖为唐代漳州圣王陈元光后裔——陈均惠，于宋祥兴二年（1279 年）为避乱而肇居埭尾，整个村落具有近千年的历史。埭尾村与龙海石码相望，环抱于鸡笼山、大帽山、峨山之中，村落四面绕水，古榕遍村，具有浓郁的“世外桃源”般的意境。

2012 年 3 月，埭尾村被福建省评定为第四批省级历史文化名村。

2. 古村布局

埭尾古村四周有 30 多米宽的河道围合，村落边界清晰，围绕四周的河道似一条长龙盘旋着古村落，形成“港环社，社枕港”的独特景观。

村落布局规整，极具特色，现有传统古厝 276 间，多建于清代，

周边水系

南北小巷

东西贯连的大石埕

保存较好的有36座，这些传统古厝大门均朝向北，与陈氏宗祠一个朝向，都面对远处的大冒山，遵古风水布局。随着社会的发展，近年来新建民居则大门一律向南，由此形成了新、老民居大门南北相对，泾渭分明的格局。其中，传统古厝群以陈氏宗祠为中心沿东西两边一直排开，同时该排为起点自北向南排列，形成3排、每排9座传统古厝的“九宫格”的规则布局形态。这一早期村落形态为其后发展奠定了基础，其后民居的建设都是按照这一规则的布局形态，自北向南发展，同时向东西拓展。

传统古厝山墙间仅留一米间距，而古厝侧门户相对，因此，当所有民居的侧门打开，则可以形成一条贯通东西的廊道，能够使得村

陈氏宗祠

陈氏宗祠梁架雕刻

民居

民居室内木雕

民在下雨天不用打伞，横贯全村都不会淋湿。传统古厝前后两排间都留有10多米宽的大石埕，石埕不设围墙，供晒谷及公众活动。

在规则的村落空间形态中，散布着妈祖庙、三王公庙、祖师公庙及祠堂等民间信仰性建筑，为村民提供了朝拜、祭祀、休闲娱乐等的场所。

天后宫等古迹亟待修缮

3. 建筑特色

古村落内现存龙海地区规模最大、保存最完整的清代传统古厝建筑群。这些古厝群属于村落早期的建筑遗存，其平面布局、朝向、空间形态、尺度大小等基本一致，都具有对称排列、多层次进深、前后左右有机衔接等特点，屋顶多为硬山式曲线燕尾脊，红瓦屋面、石砌墙体，装饰工艺极为精湛，具有鲜明的闽南建筑特色。

整个古村落，居民平面类型较为丰富，有四点金四合院式、下山虎三合院式以及单列型排屋等。在早期的古厝群中，以四点金四合院为主。

传统古厝式民居建筑内部装饰较为古朴简洁，祠堂、寺庙类建筑则装饰复杂，其中，木雕、石雕精美、细腻。

传统民居内的彩绘亟待保护修缮

4. 保护建议

埭尾村是福建省历史文化名村，历史悠久，拥有丰富多彩而又独具特色的历史文化遗存。但是目前古村落也存在着一些诸如交通设施落后，市政设施不完善，文物古迹及传统古厝亟待修缮，古城旅游发展滞后等问题。但埭尾古村的整体风貌较为完整，其布局形态规则独特，是闽南地区较为典型的宗族村落，其陈氏后裔多旅居海外，因此，具有巨大的发展潜力，为此，目前亟须编制一个高质量的保护规划，来切实指导埭尾古村的历史文化遗产保护工作的开展，并在此基础上统筹安排各项建设项目，促进埭尾古村落保护与更新的协调发展。此外，须加大对古村落旅游发展的研究，探寻古村落保护与旅游的协调发展。与此同时，应多渠道、多方式地加大资金的投入，确保古村落的发展。

图文：
张　杰　华东理工大学副教授
庞　骏　上海对外经贸大学副教授
彭媛媛　华东理工大学硕士研究生
参与调研人员：
徐珊珊　严　欢　马启达　叶春阳　王依丽　游　家

洪坑村鸟瞰

福建漳州洪坑古村

1. 概况

洪坑古村（古称鸿湖社）是国家住建部公布的第二批“中国传统村落”，位于福建省漳州市芗城区西部的天宝镇，东邻芝山镇，西连南靖县靖城镇，南临九龙江西溪，北靠天宝山，处九龙江西溪下游的冲积平原上。

洪坑村原为洪姓聚族而居的村庄。明初，戴姓先祖戴从宣（“开漳圣王”陈元光女婿戴君胄的后裔）迁至此地，现成为戴氏聚居的村落。戴姓祖上认为“洪”与“鸿”谐音，“鸿”有志向远大之意，至于“坑”字，古人认为积水少，而“湖”字积水大，故更名为“鸿湖社”。后人为了纪念原洪姓原居住地，又改为原来的名字“洪坑”。

洪坑村在明清时期属龙溪县二十一都仙兜保，后由龙海县划归漳州市，并析为天宝、石亭镇人民政府。第二年市改区，天宝为区辖镇，洪坑村属之。洪坑村下辖洪坑、林前（龙泉）、布坂 3 个自然村，10 个村民小组，占地面积约 130 公顷。

村落景观

民居木门

2. 古村布局

洪坑村处于天宝冲积平原，所在地是一个小幅的坡地，中间高两头低、辅以水面，这种布局被当地人称为“卧蚕式”（或叫船穴）。村内古厝依坡面水而建，周边青山绿水环抱，与大自然融为一体。洪坑村的外围，原先以篱笆墙围成寨墙，具有一定的防御性，也界定了村落的界限。

据《开漳戴氏源流》记载，清朝康熙末年，由戴氏三十六世孙戴富（字伯嘉）经商发财后，带领子孙，连续四代人先后在村北面建造七房大厝，时间历经雍正、乾隆两朝（1722—1795 年），形成古建筑群。洪坑村内的主体是一字排开的七座三进、五进大屋，每座大屋的两侧各有两排单层护厝。村庄内大小道路纵横交错，布局有如庞大的迷宫。巷道曲折迂回，户与户之间呈“之”字形排列，每隔一至两栋在东西方向设有南北向出口，与村外相通；每户民居都没有正门，只有侧门；民居除了公用祠堂外，找不到一根柱子；每个巷口设门楼一座，门楼与门楼之间有防护墙相连，防护墙上还设有枪眼。据村内居民了解“只要七座大屋的大门锁上，外人便无法进入村庄，而村内各家各户却道路相连，门户相通”。

3. 建筑特色

村落内部现存的建筑类型主要有民居、祠堂、庙宇、商业店铺、私塾、古井、碑刻等，大部分为清代建筑，少数民国与新中国成立后的建筑。目前，“鸿湖乐居”圆形城堡、戴氏宗祠、鸿湖庵、圆应宫等特色建筑均被列为市级文物保护单位。

街巷之一

街巷之二

家庙

鸿湖乐居外观

鸿湖乐居内景

圆应宫

室内梁架之一

室内梁架之二

室内梁架之三

“鸿湖乐居”是一座圆形砖石城堡，独树一帜，是土楼民居的代表，直径35米，形制与单元式土楼相似，一楼、二楼外墙由条石夹土筑成，三楼用青砖砌成，楼门用方正平整条石砌成，拙朴浑厚，门楣上题着“鸿湖乐居”四字。

圆应宫，又称洪坑庵，是洪坑村现存的主要庙宇，坐北朝南，二进三开间的四合院布局，天井两侧为连廊，格局保存完好。内部的梁架结构，木雕精美，保存较好；宫内的石雕、彩画、嵌瓷等都十分精美，代表了当地公共建筑的最高水平。它代表了洪坑宗教建筑的典型

世泽堂

风格，具有较高的历史文化价值。

世泽堂，位于村落南部砖仔埕，坐北朝南，为二进五开间的四合院，东西两侧护厝（两伸手），中轴对称。屋顶三段式，中间高两侧低，悬山顶，燕尾脊。建筑细部装饰木雕琴棋书画，雕刻精美，屋脊上施以嵌瓷彩绘，保存得较好，具有较高的历史文化与建筑价值，被列为市文物点。

4. 保护建议

洪坑村具有悠久的历史和丰富的历史文化资源，村落总体格局及其文物保护单位都得到了较好的保护，地方政府非常重视保护工作，热情较高，但仍存在一些问题需要加以重视。首先，由于多年来人口外迁，传统房屋的自然老化、扩建造成的破坏，以及台风等自然因素的破坏等原因，造成村落传统空间形态和部分历史文化景观的破坏。其次，村落内部村民修建新式住宅占用空地、破坏景观，给洪坑村的保护与延续带来巨大的挑战。并且，在大力发展经济的形势之下，当地政府与村民对于发展经济和提高生活水平的需求十分迫切，若缺乏长远的眼光，容易造成急功近利的发展模式，建议加强对村落本身的保护发展。

传统房屋的自然老化亟待重视

图文：
张　杰　华东理工大学景观规划设计系主任
庞　骏　上海对外经贸大学旅游系副主任
参与调研人员：
陈维安　孙晓琪　马　丽　周秀秀　杨子乔

从东门处看笔架山

福建宁德大京所城

1. 概况

大京所城位于福建省宁德市霞浦县长春镇大京村。大京，亦称大金，地处霞浦县东冲半岛东侧，距霞浦县城 40 千米。相传有客宿山下人家，翌晨遗金二大锭而去，主人兄弟追十里还客。客谢道：“得金不取，必非常人，异日声价当比‘南金’。”大京村人杰地灵，自宋以来，名人辈出，近现代更涌现出众多仁人志士。

大京村地理位置险要，三面傍山，东面临海，距所城 2 千米海面上有一笔架山，三峰直立，形如笔架，秀耸烟波，极为奇特。大京所城历史悠久，明洪武二十年（1387 年）江夏侯周德兴在此奉建“福宁卫大金守御千户所”，筑城以抗倭，因大京地处闽北口要道，素有“固福宁之藩屏，执福建之喉舌”之称，故兴建大京所城时其规模远大于其余千户所，屯旗军 1120 名，下辖高罗、下浒、延亭、车安、西臼 5 个巡检寨和长门等 17 处烟墩，为全闽 12 千户所之首，历经 600 余载风雨至今，保存基本完好。

2. 所城布局

大京作为海防所城，至今仍保留着非常完整清晰的明清古街道以及较为完好的古城墙。整个大京所城背靠炎峰顶，面临东海，建城之时将城东门处一小山丘包入城内，因而其地势自北向南倾斜，形成了东西略长、南北较窄的不规则条状结构。所城周长约 2800 米，墙高 6.5 ～ 9 米不等，城垣由块石与乱毛石混合砌筑而成，基座宽 5.6 米，顶宽 3.6 米，曾有城楼 8 个，墙下开挖护城河；现存城墙长约 1300 米、护城河长约 850 米以及城垛、敌楼和东、西、南 3 座城门（北面依山）。其中东门为双重城，是半月形瓮城形式。瓮城是在城门外修建的半月形护门小城，属于所城城墙的一部分，是所城的主要防御设施之一，可极大地加强城堡的防守能力，若敌寇进了瓮城，双门紧闭，擒拿如瓮中捉鳖。瓮城砌石缝均以铁水浇固，门洞高 3.1 米，砌出两个石垛，蔚为壮观。

东门瓮城

瓮城局部

所城城外长约 850 米的护城河

街巷之一

街巷之二

与城堡构成一个森严壁垒的整体。城上窝铺、炮位等设备齐全，与外海烽火门和南日山互为表里、结为掎角、斥堠相望、壁垒森严，形成坚固的防御体系，阻遏了海上盗寇的觊觎骚扰，人称“海涯屏藩”。大京还有一道与古城墙遥遥相对的“绿色屏障”，即数百年来沿着3000多米长的沙滩生生不息的木麻黄林带，它挡住了袭向村庄的惊涛骇浪，护卫着古城。所城外的沙滩呈半月形，沙质柔润，脚踩无痕。附近窑后的岩石多彩斑斓，因海水冲刷而堆积滩头的小卵石，人称“五彩石”，与古所城相映生辉。

所城内街巷相对规整，相互交织构成了“丁字形”的街巷网络格局。自西门而入，由下街、中街以及里街将所城东西贯通，街道宽3～6米，其上为明朝时期所铺条石，并于丁字街交叉口处兴建迎恩亭、天地亭、巷里亭、仓口亭4个跨街亭，并在4个跨街亭所在的街边开凿4口水井，井栏为整石凿成，井水冬暖夏凉，常年蓄水不枯，堪称神奇。

由于大京所城东部有一小山丘，地形难以满足居民于此建房设屋，故大量民居集中布置于所城西部和中部区域，并在西门下街处形成了整个所城的商业中心。所城东部为校场，充分体现出所城的防御功能特色。

大京所城每年均有八月神节，从农历八月十四到八月十六都非常热闹，尤其是八月十六的晚上，众多信徒及来自省内外乃至国外的游

街亭

商铺

客专程赶来亲身体验八月神节，使大京所城平添了许多喜庆的气氛。

3. 建筑特色

大京所城内现有古建筑数量庞大，其中保存完好的多为民居和沿街店铺，建筑特色鲜明，其平面形态主要有多进天井式、一明两暗式等。传统民居多为明清时期所建，最具特征的是弯曲的风火山墙，随屋顶的高低起伏变化，当地称之为马鞍墙，山墙勾勒出建筑轮廓并于宅门两侧形成山墙排堵，排堵上装饰有泥塑彩绘；建筑入口门楼多精美，两边出墀头拱卫，墀头雕饰精美，大门门楣上既有彩绘、灰塑，又有匾额对联，优雅而又气派，极具书卷气息。其外围墙底部一般用条石或毛石砌基，既有利于防潮防湿，又有利于建筑排水，而出于安全需求，其外墙侧面极少开窗。

民居内部主要以木构承重，采用抬梁、穿斗混合式的做法，以穿斗式为主，主要承重柱落地，而不

传统民居

建筑细部之一

建筑细部之二

承重或承重较轻的短柱则采用抬梁式的做法。厅堂立柱多为老油杉，屋内木料不施油漆，保持原木本色，其梁架简洁，多在梁枋、雀替等处施以精细木雕。

位于丁字街交叉口处的跨街亭仅余3座，但梁椽瓦栋，斗拱翘角，保存完整，不失古亭之风貌。自东门而进数十米处有一圆形古井，外围直径1.25米，井口直径1米，井旁宽0.15米，据传为建城时周德兴所开凿。

4. 保护建议

虽然政府及文物部门对大京所城的保护给予了许多关注，多次拨款修葺，较好地保持了所城的空间格局，但仍存在一些问题需要加以重视。首先，所城内新建建筑高度、体量、形式等与历史风貌冲突严重，亟待通过规划、控制、引导及制定相关的政策制度加以管理，并加强对村民的宣传教育；其次，南门至东门一段城墙遗址上杂草丛生，并有部分地段被非法占据建设，亟须整治；再次，大京所城目前已有较多游客前来参观，但所城内并无相应的游客管理与服务设施，这对大京所城今后的管理与发展较为不利，希望进一步加强对大京所城古城的保护意识。

图文：
姚子刚　华东理工大学景观系副教授
参与调研人员：
张　杰　庞　艳　徐启祥　冯家族

井林村全景

福建晋江井林古村

1. 概况

井林古村位于福建省晋江市东石镇西北部，距镇区约 2 千米。安东公路从村庄西部穿过，可通往晋江、泉州、厦门等地，整个村落交通便捷，区位优势明显。

井林村因在清乾隆时盛产桂圆干，且远销江浙，故又被称为“桂圆乡”。自隋代开始就有人定居。至唐乾符年间（874—879 年），东石航海世家林銮之九世孙林灵（林百万）定居于此，并拥有航海大船百余艘，通商来往于南洋。宋熙宁二年（1069 年），在印斗山麓东洋渡口码头，因船舱排列井然有序，而山上果树又生长茂盛，故村落得名“井林村”。

目前，井林村以许氏一族为主，在许氏宗族定居之前，已经有 16 个姓氏在此定居。整个村落辖区面积约为 2.017 平方千米。另外，旅居海外的侨亲达 20000 多人，是闽南典型的侨乡。

古村街巷

许氏宗祠

许氏宗祠内部

2. 古村布局

井林古村落选址于岱山（石佛山）西脉的印斗山峰南隅，南临海港（安海湾东洋港），村落南部港溪从东部灵源山蜿蜒流入东洋海港，而印斗山形如太师椅，由此，山、村、溪有机结合，形如龙张口吐水，故其独特的选择素有“斗门龙喉”之美誉。

其次，井林古村落围绕着印斗山、按照姓氏聚居，并呈团状分布，即北坡（宋氏）宋埭、南坡（曾氏）曾垵、东坡（谢氏、陆氏）小井林、西坡（史氏）史厝围及其周边的顶西厝、下西厝、大三落、下五幢、大厝、西房等小聚落，各小聚落相向拓展，自1702年井林许氏宗祠建成后，许氏族人逐步联并其他小聚落，最终连为一片，形成了以许氏族人独居的单姓宗族古村落。

番仔楼外观

番仔楼局部

3. 建筑特色

村落内部保存有相对丰富的传统民居建筑和近现代的洋楼、番仔楼、寺庙、宗祠等，其中番仔楼数量较多，且建筑规模一般都较为宏大，番仔楼是闽南传统古厝与具有异国情调的“小洋楼”的中西合璧，其建筑材料多为红砖、钢筋混凝土、石、木的有机结合。首先，外观形制上大多由红砖构成，有穹行的红砖柱廊、五脚架阳台、三角时钟窗、印花彩色瓷砖、绿釉瓶式栏杆等，内部格局则较为传统。其次，平面布局一般中轴对称，以三间张二落大厝为基础，下落、榉头间部分二层化，顶落维持传统古厝一层形态。二层内部多为木构楼板、隔断等，并多用绿釉瓶做栏杆，并在栏杆周围摆放盆景花卉之类植物，别有一番韵味。再次，番仔楼的屋顶较为丰富多样，多结合房间功能，形成相对自由的屋顶形态，如两坡燕尾

建筑细部之一

建筑细部之二

雕刻装饰

西房茂生公祖厝

脊屋顶与方攒尖顶的结合、卷棚与三坡的结合、三坡与两坡燕尾脊屋顶的结合等。

古村内祠堂、寺庙建筑艺术也很突出，是维系一个宗族的纽带、彰显地域民间文化信仰特色的窗口。祠堂内装饰大气精美，建筑主体飞檐翘角，雕梁画栋，木雕、砖雕、灰塑、彩绘的手法较为突出，极具地方特色。寺庙多为多神崇拜类建筑，往往一座寺庙内供奉多个神灵，并且多超越了教派的界限，佛、道共奉，因此，建筑空间类型极其丰富，其平面有单殿型、多殿型、合院型、开敞型等，规模也有大有小，小的仅仅五六平方米，大的达数百平方米。

另外，整个村落内保存的古厝、番仔楼、洋楼等建筑的雕刻艺术精湛，如红砖镜面墙每每刻意组砌，贴面镶嵌成各种各样的图案，成为富于变化的砖砌艺术。

4. 保护建议

井林古村历史悠久，并且保留了大量类型丰富、工艺精湛的建筑。村落的总体布局保存较为完整，但因过度开挖，印斗山体水土流失严重且地形改造突出，整个地形地貌、山体环境亟待维护。其次，随着岁月的流逝和长期无人居住，有些古厝已经出现破落、倒塌等现象。村民为了保存原来风貌，将原有的古厝推倒重建，而在重建过程中往往采用了新材料、新工艺，并增加了大量的现代元素，由此“保护性重建”所造成的破坏传统风貌的现象突出，亟待专业的设计与科学的建设指导。再次，现在村落内新旧、高低建筑掺杂在一起，严重影响了古村落原有的风貌。亟须来自地方政府的科学管理、专业规划。此外，井林古村落是典型的侨乡，大量的侨汇经济是保护古厝、祖厝的源动力，因此应建立相关的古村落保护委员会，科学引导村落的发展，合理利用侨汇经济，以此促进古村落的保护与合理发展。

图文：
张　杰　华东理工大学副教授
杨小倩　华东理工大学硕士研究生
参与调研人员：
庞　骏　夏圣雪　严　欢　王　一　马一鸣
朱志诚　陈贝尔　曹玉婷

蚶江海防官署遗址

福建石狮锦江古村

1. 概况

锦江古村所在的蚶江镇位于石狮市东北沿海突出部，西南与宝盖镇毗连，东与祥芝镇接壤，南邻永宁镇，辖区内有国家一类口岸——石湖港。这里历史上是泉州湾南的要隘，宋元时期东方第一大港刺桐（泉州）的门户、海上丝绸之路的起点之一。蚶江镇，宋代初年属安仁乡江阴里；元代列二十三都；明代沿袭元建制；清康熙三十五年(1696年)列二十三都，乾隆年间，在此设通判厅（俗称泉州海防府），曾是清代闽浙总督的驻地。

蚶江镇历史悠久，早在宋代就已是居民稠密、帆船过往频繁的港口，元代时海上贸易空前繁荣。蚶江与台湾鹿港对渡开始于清乾隆四十九年（1784年），成为继厦门与鹿耳门对渡后，大陆与台湾通航的第二个官方设立的港口。清廷在蚶江设立泉州分府——蚶江海防官署，统辖泉州一府五县（晋江、南安、惠安、

龙显宫

同安、安溪）的对台贸易。因此，蚶江镇历史遗留的文物古迹众多，如国家重点文物保护单位林銮渡（古渡口），福建省文物保护单位海防官署碑记（对渡碑）、再借亭，素有“九馆十宫之称”的宗教寺庙等。

作为蚶江镇文物古迹保存最为丰富的锦江古村落，村民中纪姓最多，系明朝初年从东垵迁徙而来；清乾隆年间蚶江鹿港对渡后，又有许多纪姓人迁居台湾等地。另外，还有少数人为林、王、谢、陈等姓氏人员。

街巷

石狮神像

2. 古村布局

锦江古村落坐落于凤仪山上，整个村落顺着中央高、两边低的地形建设，呈现背山面海“中央凸起、两边内凹”的“梭形”空间形态，具有良好的防风排水条件。

村落中央部分为始建于宋代的“一线天”（古街），该古街曾作为清代初期“迁界”的边界，即以此街作为界线，将原居住于界线外滨海一侧的居民强迫内迁至界线以内地区。清康熙二十二年（1683年）复界前，“一线天”已开始逐步重建。古街全长370米，宽3～5米，有店面108间，分为顶街头、中街、三姓街三段。路面原以碎石铺成，现为石条或石砖铺就。街两侧皆为三四层的闽南石屋建筑，沿街开设面宽狭窄的铺面。街巷蜿蜒、狭窄，尽端转折处石砌山墙内开辟小小的神龛，神龛中供奉一只小石狮，石狮形态夸张、变形，香火不断。“一线天”的街巷形态与台湾鹿港的“不见天街”相似，由此有力地见证了闽台“蚶江鹿港对渡史”和当年古村落繁华的景象。

整个古村落以“一线天”为轴，盐墟街、卖鱼街、小街仔、水汫下街以及典当埕（典当铺街）、夯鰗井巷（鱼摊街）等街巷与“一线天”相互穿插，形成“一轴鱼网”的街巷空间格局。

民居

3. 建筑特色

古井

建筑细部装饰

锦江古村落内保存了大量闽南传统建筑，按照功能划分主要有传统民居、祠堂、庙宇、官署遗址、码头、碑亭等。比较典型的寺庙有龙显宫、忠仁庙、凤山宫、东岳庙、五王府等，其中，奉祀被誉为“海峡保护神”的“答王爷”等五位神祇及“金再兴”王爷船的五王府，吸引着大批台湾信众前来进香朝拜。而位于村落西南侧的林銮渡，又名“通济桥”，是一座巨石砌成，引堤长三十丈、宽九尺、高一丈五尺的古渡头。在林銮渡的不远处，就是“再借亭”，该亭为四平柱平顶拱形石亭，建于明代，是为纪念“按察御史曾樱”而建，“再借亭”三字及碑记是明代大学士、书法家张瑞图所书。

忠仁庙外观

忠仁庙内景

在现存的传统民居中，“出砖入石”的墙体特色鲜明。“出砖入石”是闽南建筑一种独特的砌墙方式，民间又称“金包银”，是利用形状各异的石材、红砖和瓦砾交错叠砌，构筑墙体。

古村落内留存有大量的祠堂、家庙、公妈厅(即祖厝)建筑，其文化内涵丰富。如纪氏宗祠始建于明洪武二年(1369年)，后重建，至今已有600多年的历史，为二落三间张传统古厝。

整个村落的建筑空间体现出浓郁的对渡文化内涵。锦江古村落作为蚶江古镇的重要组成部分，与台湾鹿港隔海相望，千百年来，两岸人民往来频繁，锦江古村落成为两岸交流的纽带。清乾隆四十九年（1784年）清政府开放蚶江与台湾鹿港对渡，并设立管理对渡事务的蚶江海防官署后，蚶江成为大陆与台湾交通贸易的中心港口。海防官署遗址尚存有“对渡碑”一方，碑文载有“蚶江为泉州总口，与台湾鹿仔港对渡”等字。对渡碑呈长方形抹角首，高2.92米，宽0.86米，厚0.18米，现为省级文物保护单位。

时至今日，两岸对渡已经从当年的纯经贸往来逐步演变为一种文化习俗，作为促进海峡两岸人民友好往来共同发展的纽带和桥梁，“石狮端午闽台对渡文化习俗”已经成为国家级非物质文化遗产。闽台对渡见证了两岸商贸兴盛，见证了两岸关系变迁，也见证了两岸习俗相同和文缘相续，是进一步研究探寻海峡两岸民俗文化渊源的重要依据。

将军庙

纪氏宗祠局部

家庙

出砖入石墙

番仔楼、古厝等闽南建筑亟待保护

4. 保护建议

目前，锦江古村落留存有大量明清时期的红砖古厝，这些留存是两岸同胞文化交流的印记，是展现闽台地方风土人情的所在，也是清朝蚶江鹿港对渡以及台湾同胞回乡谒祖的物证，因此，首先必须尽快开展系统的研究，挖掘其文化内涵与历史价值；其次，针对目前古村落内传统建筑破坏严重、村民保护意识缺乏的现状，亟须加强宣传教育，提高村民的保护意识；再次，亟须对整个古村落进行系统的资源梳理，开展保护性的规划设计。

图文：
张　杰　华东理工大学景观规划设计系主任
庞　骏　上海对外经贸大学旅游系副主任
参与调研人员：
陈维安　孙晓琪　马　丽　周秀秀　杨子乔

古村避风港及民居局部俯瞰

福建福州东庠岛古村

1. 概况

东庠岛位于福建省福州市平潭县东北部，是一座四面环海的岛屿。平潭县又名海坛岛，是福建省最大的一座海岛，也是我国第五大海岛，面积370.4平方千米，人口40余万人，除了主岛海坛岛外，还有诸多住人的附属岛，东庠岛就是其中的一座。东庠岛是一座岛中岛，岛上有东霞村、东进村、东风村、孝北村、湖边村、澳底村、澳星村等村庄，面积4.65平方千米，人口2万余人，距离平潭县城关镇15千米，乘轮渡20分钟到达。

平潭县的历史可追溯至秦汉，而东庠岛的居住史也达700年之久。在漫长的历史时期中，东庠岛经历了从自然岛屿到人居岛屿的转变。民国初设东庠区，1984年设东庠乡。20世纪50~60年代，东庠门附近的海域是定置网生产的国营东庠门渔场。当年，东庠岛已拥有渔船200余艘，年捕鱼量2000余

民居内部街巷窄长

古村现在多由老人居住留守，海岛也恢复了往日的平静

吨，以人工近海捕捞为主。发展至20世纪80年代，机械化捕鱼替代了传统家庭式的捕捞作业，大吨位、大马力钢船淘汰了载重仅100公斤的木质渔船，捕捞范围也扩展至深海领域，滩涂养殖和海产品加工等附属产业也一并发展起来，东庠成为远近闻名的大渔港，经济实力大幅提高，有“金东庠银塘屿”之说。21世纪后，随着浙江、广东等地国际化、大规模的渔业企业占领市场主导地位，海洋捕捞业的转型升级迫使周边小渔村式的经营模式逐渐衰败，船老大和船工们或转行或任职于台湾等地的国际大渔业公司，东庠村居民也为了生活方便大量搬迁至平潭县城居住，古村现在多由老人居住留守，海岛也回归了往日的平静与安详。

第五立面由海石点缀

2. 古村布局

东庠岛上的村落布局是围绕“澳”而形成的，“澳”指海湾、海港，是天然避风港。岛北部有一处葫芦状的天然海湾，名“葫芦澳”，由礁石围合而成，面宽平均约500米，进深约1200米，这样一个面积超过60公顷的海湾是渔船停泊、开船启航和丰收归航的天然避风港。岛外海浪滔滔而湾内风平浪静，这里也是宜居的渔村选址。围绕葫芦澳，由西至东分布有东进村、澳星村、澳底村、东风村和东霞村，岛内80%以上民居均围绕葫芦澳布局。葫芦澳东侧是将军山，西侧稍远是对面山，岛西南部是孝北山，正南部马尾山，东南部有大寨山，海拔都不高。其中大寨山是岛上最高的山体，海拔134米。在四面山体的围合下，葫芦澳周边成为整个岛屿最宜居的地带。岛上有丰富的淡水资源，这也是村落选址的重要因素。岛南部、西南部还有两三个规模较小的村庄与海坛岛隔海相望，这些村子也是围绕“澳”而建的，都筑有人工海堤，用于停泊渔船。岛南部东庠门是平潭往来轮渡的码头，东庠门东部还有一处优良沙滩，名“南模澳”。

海岛周边山体多礁石，植物覆盖面积小，民居院落内外多植有高大的仙人掌。渔民靠海为生，粮食蔬菜多购买，用于种植的土地并不多。一澳一村庄，村庄围绕澳而建，连绵成片。民居建筑就地取材，建房、筑路、围海皆使用海岛上盛产的花岗岩和火山岩，青色、赭石色、砖红色的海石将整个岛屿装扮成“点彩派”名作。环球人文地理杂志的记者来此拍摄时，称这里为“全世界独一无二的彩色城堡”。

古村基地集中，在平坦地形上尽量坐北朝南规则布局，道路也较为顺直，各家各户左右联排规划，布局紧凑，留出大片适宜耕种的土地用于种植农作物。接近周边山体、地形起伏较大的地带，民居由密渐疏，朝向和布局也变得自由灵活，因地制宜。登岛码头位于岛南部东庠门，这里是海岛的主入口和南大门。东庠门与各村有5~8米宽的大路连接，各村内主路约3~5米宽，砖石路面或水泥路面，连接起海岸线和码头，通达村庄商业、行政等公共空间。岛屿中部有一座妈祖庙，在当地称“大帝庙”，里面供奉的是大禹，故有东庠先民是由北方黄河流域迁徙而来之说。收窄的小路如自由的网络通往周围山体和岸线，山体上有很多马蹄形的墓葬，各村村民选择就近的山体，面朝大海，落叶归根。

东庠岛古村历史久远的老屋规模较小，新建房舍多为2~3层，占地面积也相对较大。民居内部街巷窄长、曲径通幽、步移景异。院内外晾晒渔网，也晾晒鱼干、虾干。村民坐于门前织补渔网的画面，无时无刻不在传达着海岛独特的风物人情。

3. 建筑特色

岛上常年吹西北风，故民居院落坐北朝南，多朝向东南方。院落与院落之间间距很小，仅有窄巷间隔。究其原因，海岛属南亚海洋性季风气候，日照充足，海风很大，这种紧凑、密集的院落布局能有效遮挡台风。岛上气候潮湿，常年温度在17~18摄氏度。民居院落为

水井之一

水井之二

单进，彩色海礁石垒砌院墙，院内建“四扇房”。村民凿井取水，每家附近都有淡水水源，方便生活起居。

四扇房是典型的东庠岛古村民居样式，坐北朝南，入口在南。横排布置三间，中堂为厅，厅分前厅和后厅，前厅有起居待客功能，后厅是厨房和储物之用。厅东西两侧为房，是居住空间。东房和西房又各自分为南北两间，南北间有门与前厅连接，南间另开门至后院。除了四扇房，海岛上还有排厝、竹篙厝和官式大厝等建筑样式。历史久远的建筑均为一层，是中国传统建筑双坡硬山顶，山墙顶和屋脊用大块鹅卵石和水泥勾勒线条轮廓，屋面覆红瓦，瓦片上压海石以防台风掀起。瓦上压石在本地称“晒石”，而彩色岩石砌筑的建筑立面和屋面富有韵律的压石赋予海岛民居一个贴切又形象的名字——石头厝，“厝”为闽南语，意为房屋。有些石头厝民居山墙的上沿为优美的弧线形或波浪形，所以“晒石”也称“压浪”，祈福风平浪静、出海平安的心愿由此昭然。海岛因葫芦澳而聚集人气，葫芦在中国传统文化中也饱含招财进宝等吉祥寓意，所以海岛民居立面或室内多有葫芦、鱼等装饰图案。民居室内墙面不作粉饰，同建筑立面一样由海礁石“点彩”，光线较暗。

硬山屋顶民居

弧形山墙

屋脊

波浪形山墙

石块压瓦屋面

石头厝民居色彩丰富

4. 保护建议

东庠岛古村的聚落空间环境和景观风貌展示了我国闽南地区沿海独特的海耕文化，原生态的石头厝民居错落有致地坐落在海岛上，色彩丰富、和而不同，建于明清至民国时期的建筑聚落富有诗画般艺术意境，是研究福建沿海民居建筑文化的宝贵实物。保护建议：①整体保护东庠岛古村的山海自然格局。②建筑应分级保护与修缮，对新建建筑的层数、材料与色彩应提出严格要求。③改善排水、垃圾收集、道路交通等市政设施，合理引导古村向休闲型、旅游型古村转型，更新和激活海岛经济发展。④应增加适地植物种植，丰富绿色景观，改善生态环境。

图文：
杨　眉　西安交通大学副教授
张伏虎　西安交通大学教授

城墙遗存

福建宁德杉洋古镇

1. 概况

福建省宁德市古田县杉洋古镇，原名“三阳”，又称“蓝田”，后以“遍地多杉木”易名“杉洋”，地处五县（侯官、罗源、屏南、闽清、宁德）交会，东、西、北三面群山夹峙，南濒蓝田溪，是闽东北的山城重镇，因地势险要，又称“杉关”。明弘治十年(1497年)修筑蓝田古城墙，清咸丰年间（1851—1861年）重修，是明清时期古田县境除县城之外唯一的城池，明清政府均派驻巡检于此，具有完整的防御体系和古城格局，至今城址尚存残迹可循，城内留存200余幢建造精美的古民居，古代公共建筑独具特色。

2. 古镇布局

聚居杉洋的余、李、彭、林四大姓氏皆为唐末迁居于此的中原望族，四姓住地呈“八境”布局，如：余氏“梅亭境”“云路境”“桥西境”“登云境”；李氏“龙潭境”“鳌头境”；林氏“岚风境”；

李氏宗祠

以挂瓦的方式保护墙面

就地取材的墙面与排水系统

精美木雕

水当

彭氏“登瀛境”等。以卵石和青石板铺砌的街巷，如龙潭街、阁下弄、新亭街、三才弄、文昌路、后街路等，成为“八境”的分界线，至今传统坊里格局清晰，是明清宗族社会的物化反映。

四姓祠堂众多，各个富丽堂皇，又因山水风景不同而交相辉映，其中五大祠（三阳余氏总祠、余氏蝉林祠、李氏凤林祠、彭氏金公祠、林氏联珠祠）均跻身福州十邑名祠之列。各族后裔英才辈出，先后产生状元两人、进士90多人，入朝为官者200多人。

民居入口大门普遍阔敞，木质挑檐瓦顶门罩，挂落垂花雕刻细腻；大门内设双扇中门，平日不开，以避视线直通；建筑多为两层，面向天井的窗板木雕、二层栏杆和墙头灰塑装饰极为精湛；左右厢房屋面伸入正厅檐下的位置，多用花瓦灰塑加高，成为“水当”，以防屋面雨水溅起损害木构架，同时也成为天井内观赏装饰的重点部位。除大门外，民居外墙平直厚实，几无装饰，亦少开窗；以夯土泥墙为最多，也有石砌墙、木板壁墙、苇编泥墙等，还有在土墙外侧贴砖、挂瓦、钉木板等做法，以保护墙面。

3. 建筑特色

镇中“蓝田乡约堂”，前身是纪念南宋名将杨易的“杨公槐庙”，清光绪年间（1875—1908年）惜遭焚毁，1926年重建后改名“蓝田乡约堂”，用作制定乡规民约、处理民事的公共议事场所，是闽东地区罕见的乡村级乡民自治机构。屋架木材细长，内部空间高敞，藻井装饰相对简约，具有民国时期典型公共建筑的一般特征。现在用作老年人棋牌活动场地。

乡约堂旁是建于20世纪60年代的杉洋文化宫，青砖墙体，正立面采用水泥仿石抹面，有罗马柱式、圆券窗、三角形山花等装饰构造，现在为杉洋村村民委员会办公场地。

杉洋文化宫

文昌阁与周边民居

现存六角三层歇山顶的文昌阁位于镇中偏西，始建于宋，重建于清雍正年间（1723—1735年），并祀三圣：孔子、关羽、朱熹。楼阁坐西朝东，阁前有椭圆形泮池，上架小石桥，周边廊庑环绕，入口大门开在东南角，单檐歇山顶，层层斗拱出跳，翼角飞扬。

西门基督教天一堂，建于1880年，是古田一带最大的中西合璧式教堂，廊顶建有钟楼，

原国民小学现为杉洋文化服务中心

山墙与侧门

窗门镶嵌五彩玻璃，华丽辉煌。

民国时村民自筹资金建设“国民小学”，新中国成立后沿用为小学校、幼儿园，现经修缮后作为杉洋文化服务中心对民众开放。

镇北二里有蓝田书院，是八闽最早的古书院之一，朱熹曾两度讲学于此，故有“先贤过化之乡”的美称。可惜1976年遭火毁，仅存石壁上“蓝田书院”朱熹真迹四字，近年得以全面复建。

4. 保护建议

杉洋古镇自古农商并举，有制茶、酿酒等传统工艺；民众允文允武，是福建“龙桩拳”的发源地；四姓八境聚族而居，古民居众多，宗祠文化兴盛，是闽东地区保存极完整的山城古镇。周边自然景观秀丽，古有“蓝田八景”（狮岩凌雪、象峰返照、云梯接汉、一线洞天、古洞留云、凤林栖霞、马首嘶风、天池引月）之胜。现在还是远近闻名的食用菌之乡，城镇社会经济随时代发展而活力不减。

大规模的新居建设被有序安排在了古镇的东西两侧，依山傍水的整体格局得到了传承，在周边城镇独树一帜的众多精美公共建筑也得到了妥善的保存，但省道两侧的新建与翻建建筑缺乏有效的尺度管控与风貌协调，城池内东西两侧分割严重，城池内点状的翻建在肌理上正在蚕食古镇、在空间上造成了诸多障碍，防范整体性缺失对历史古镇价值的日渐损伤是日常管理的重要内容。

图文：
袁　菲　上海同济城市规划设计研究院有限公司高级工程师
葛　亮　上海同济城市规划设计研究院有限公司工程师

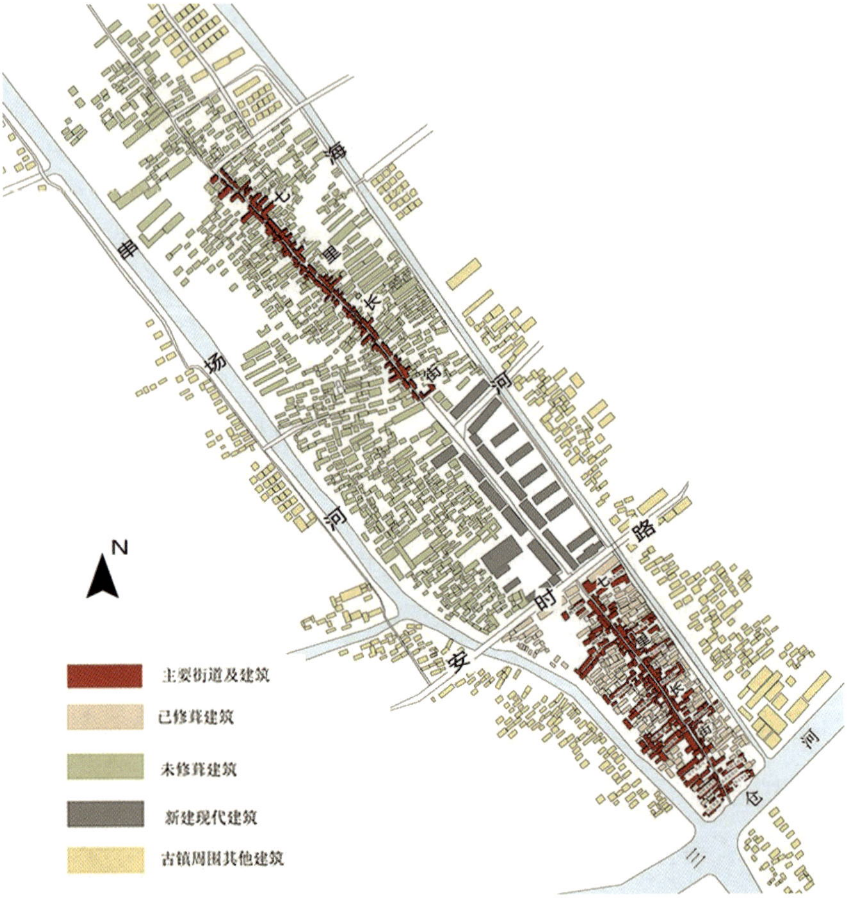

安丰古镇总平面图

江苏盐城安丰古镇

1. 概况

安丰古镇位于江苏省盐城东台市境内，距离市区 16 千米。古镇历史悠久，早在唐开元年间（713—714 年）就已建镇，明代是闻名天下的淮南主要盐场之一，清代以来，安丰镇建成了南北七里长的古街。2006 年安丰古镇入选第三批中国历史文化名镇。

安丰原名为“东淘”，是海滨产盐之地，原常遭海涛侵袭，致使地方不宁，民不聊生。宋初西溪（东台前身）盐仓监范仲淹率领民众修成范公堤，以挡海潮，后改名“安丰”。“安”寓安居乐业之意，“丰”寓丰衣足食之愿。

千百年来，安丰古镇因淮盐而生，因淮盐而兴，可以说安丰古镇的文脉精髓处处与盐相关。经过两千多年的淮盐文化的熏陶，安丰古镇孕育出了中国唯一的盐民哲学家王艮和明末伟大的布衣爱国诗人吴嘉纪等一大批声名卓著的历史文化名人。

老街钱庄

老街街景之一

老街街景之二

2. 古镇布局

安丰古镇历史上宗教兴盛，先后建起了七十二座庙宇，鼎盛时期古街形成了“九坝十三巷七十二庙堂”的繁荣景象。

明清时期，发达的盐业给安丰古镇带来集镇的繁荣、商业的兴旺，并形成“两河夹一街”的整体布局形态。“两河”即相互平行的串场河与海河。串场河可直达长江，而海河是盐运的重要通道，沿河有许多老码头，两河东南汇入三仓河，再流入大海，便利的交通给安丰古镇的盐运创造了十分有利的条件。“街”即“七里长街”，平行于两条河流，北起下灶星月桥，南至盐坝盈宁桥。老街路面皆用砖石铺砌而成，街道两旁屋宇鳞叠，商贾辐辏。古镇中建筑并非严格意义上的南北向布置，而是根据河流的走向，或平行或垂直排布。七里长街虽经历了不同时期的变化，但至今仍保留了传统街道的布局，容纳了保存最完好的历史建筑群，是昔日

老街民居

老街圈门

安丰灿烂文化的见证，记录了古镇发展的历史痕迹。

老宅屋脊装饰

3. 建筑特色

老街上有大量明清及民国时期建造、风貌保存较为完好的传统民居。鲍氏大楼、吴氏家祠、万氏古宅、郝氏古宅、朱家大院、曹家大院、钱维翔故居、袁承业故居则星罗棋布于明清古街九坝十三巷之中。沿着串场河两侧，还有众多古庙遗存，如东岳宫、北极殿、观音堂、地藏庵、育婴堂、天主教堂等，另外还有明清安丰

老街风火墙

鲍氏大楼

吴氏家祠入口

吴氏家祠庭院内部

盐运极盛时期的盐商会馆、临水河房、运盐码头、小憩凉棚，这在淮盐场中是很难找到的。明清时期，老街上大量盐商来自扬州、安徽，故建筑风格多为苏中、苏北、皖南交融，既有徽派的典雅，又有扬州民居的轻盈，还不失苏北民居的淳朴。

（1）鲍氏大楼

鲍氏大楼是安丰镇最大的一所民居，坐落在古镇王家巷内，由清乾隆年间（1736—1795 年）两淮盐务总商鲍志道之堂弟鲍致远所建，原为钱庄。总面积 3000 平方米，现存建筑面积约为 411.2 平方米。坐北朝南，外为两层门楼，正门设于东端，正宅前后穿堂三进，共 13 间。整个建筑布局井然、营造精巧、雕饰质朴，将古代徽派民间建筑和苏北地方文化融为一体，虽经历风雨剥蚀显得斑驳，但仍透出豪迈之气，在苏中、苏北地区实属罕见。

（2）吴氏家祠

吴氏家祠坐落于安丰镇南石

盐课司主入口

盐课司戏台

大街，是明末清初著名布衣诗人吴嘉纪的家族祠堂。祠堂大门临街，现存砖木结构房屋两进，建筑面积约为130平方米。享堂面阔3间，进深七檩6米，檐高3米。均为硬山顶。

（3）袁承业宅

袁承业为晚清监生，民国督学，王艮著作收集、整理传承之人。此宅位于南石大街，系袁承业当年收集、整理、刻印王艮等历史名人学术著作和办公之地，共三进八间，另有厢房两间。第一进坐东朝街（西）青砖小瓦，七架梁，锁壳子结构。古宅经历百年沧桑，仍保持原貌。

（4）盐课司

安丰盐课司是明清时征缴盐课和田赋的办公处所，也是盐官处理民间纠纷的地方。建筑群主体建筑为主衙门、东厢房、西厢房、戏楼，其中主衙门为审案公堂。

4. 保护建议

安丰古镇作为明清重要的盐场，留有许多淮盐文化的印记，亟待挖掘保护。古街现分为南、北两部分，且两部分中间的古建筑由于当时新城的规划已经拆除。目前，古街南部已被修缮，并已按要求受到保护。但北段还未受到应有的重视，许多具有历史价值的古建筑年久失修。建议加快对古街北段的保护和修复工作，恢复古镇街巷的传统风貌。

图文：
赵　逵　华中科技大学建筑与城市规划学院教授
张晓莉　华中科技大学建筑与城市规划学院硕士

N
富盐河
串场河
烟沪线
米市路
九龙港东路
田河
张氏住宅、贲氏住宅
现代建筑
传统风貌民居建筑
重点保护建筑
古镇周边其他建筑

富安古镇总平面图

江苏盐城富安古镇

1. 古镇概况

富安古镇位于江苏省盐城市最南端，地处南通、盐城两市交会处，是江苏省重点中心镇。拥有着悠久历史的富安，早在唐朝大历年间（766—779年）就已建制，历经千年的发展，到了明代，富安成为闻名天下的“淮南中十场”盐场之一，且有“天开八景，地冠十场”之美誉。2014年富安古镇入选第六批中国历史文化名镇。

富安古称“虎墩”，又名“虎埠”。据史书载，唐大历二年（767年），李承任淮南黜陟使时，取串场河土，筑捍海堰，增高了古镇地势。登高远望，富安犹如一只猛虎横卧在茫茫的大海边，故而得名“虎埠”。时至宋代，范仲淹任西溪盐官，筑范公堤，防海潮之患，保障了盐业生产。优越的地理位置、丰富的物产资源，使得古镇在元朝时盐业经济便十分发达，人民生活既富又安，到处一片繁荣景象，因而改地名为“富安”。

古镇民居

盐业是沿海地区主要的经济支柱，富安作为淮南中十场之一，且盐运河——串场河、通榆河穿境而过，其繁荣昌盛与盐业的发展有着密不可分的联系，可以说富安古镇因盐而生，因盐而兴。随着移民的到来，加快了富安盐业的发展，也加快了经济的繁荣。明朝初年，张士诚战败，朱元璋驱逐苏州居民至淮、扬两地，充作烧盐的煎丁以示惩罚，富安成为移民的首选之地，自此以后各地盐商亦陆续迁居富安，尤其是皖南一带的盐商都云集富安开店办铺，兴建住宅，这也是古镇建筑虽居苏北却有着徽派特色的原因。

2. 古镇布局

古时，富安镇被河流包围和贯穿，像一个小岛。整个古镇呈一个“四”字形：古镇南边的田河和西边的串场河通江，北边的富盐河和东边的方糖河通海，街中间有两条南北向的街心河、通田河，一条叫新彝河，一条叫敬贤河。每逢集市，田河停泊着南来北往、东运西送的船只，千舟云集，万樯林立，犹如一幅繁忙的“虎阜上河图”。但随着城市的发展，街中心的两条

老街之一

老街之二

河流现已不存在了。

富安原有三里青石板长街，街道弯弯曲曲，犹如一条青龙，人们称之为“青龙街”，又因街道两侧多条南北向延伸的巷道，近看好似蜈蚣，如有百脚，故而民间又称之为“百脚街”。古时街上祠堂、会馆、庙宇众多，亭台、楼阁、牌坊鳞次栉比，商贸、游人、香客云集于大街小巷，整天人声鼎沸，热闹非凡。如今的古街被分为东、西两部分，且西街沿街建筑已被拆除，但古镇仍保留着传统街道的格局，容纳了保存最完好的历史建筑群，见证了昔日富安的灿烂文化。

老街砖雕装饰

卢氏住宅

3. 建筑特色

走在富安古镇老街上，青砖黛瓦，错落有致，意境悠远。成百上千年的古树名木、牌坊、古井、石桥、砖桥等点缀其间，彰显着富安悠久的历史文化，成了富安昔日繁华的缩影。

富安古镇历史古迹众多，文物存量丰富。清代以前建筑群总面积为8万平方米，集中反映了徽式建筑、苏式建筑、山陕建筑等传统营造技术的特色，代表了明清之际当地民宅建造技艺的最高水平。

（1）卢氏住宅

卢氏住宅位于富安镇丁家巷，建于明代，为硬山造，清水砖墙。建筑面积170平方米，三进深，正房面阔12.3米，进深七檩7.4米。前厅有木攒，础径32.5厘米，有石鼓磴、磕头轩。后厅有木攒，础径29.2厘米，有前出廊，面阔二间9.25米，进深七檩8.55米。住宅在布局上主次分明、内外有别、相辅相成、互为补充。外观给人以一种端庄、朴实、淡雅的感人魅力，而局部雕琢美的情趣又古而新颖、丽而不俗，增添了整体美的神韵。这种局部与整体的统一美，增强和丰富了环境序列，使人感受到空间的诗情画意，体现了当时盐商的富有，同时也彰显盐商将建筑风格融会贯通、兼收并蓄的特点。

卢氏住宅木雕

朱承华故居入口

王氏住宅主入口

（2）朱承华故居

朱承华故居位于富安镇古双巷，是盐城市文物保护单位，建于清末民初时期。现存四进35间，爱国名将朱承华便诞于此宅。故居配套齐全，有堂屋、厅屋、厢屋、书房、餐屋、仓库、浴室、什物房、古井等，堂屋、厅屋皆为走马廊，厢屋及其他用房皆建有回廊，座座相连，下雨天行走不需要打雨伞。此故居既有北方风格，又兼南方建筑特色，高墙封闭，不施彩绘，门窗梁柱抹以桐油，保持本色，具有徽式风格的特点。

(3) 王氏住宅（甲）

王氏（甲）宅为明代民居，坐北朝南，原由影壁、门楼、堂屋、正厅和厢房构成。建筑现存面积为94.4平方米，面阔三间11.8米，进深七架四柱前廊轩8米，檐高3米，扁作抬梁式，磕头轩、硬山顶，木攒柱础，柱径32厘米。建筑的八角形檐柱以及居室内梁柱上所饰的山雾云海，让人感觉虽为明代所建，却颇有古风遗韵。其建筑的浑厚、精致等特点体现了与本地传统民居迥然不同的设计风格。

（4）崔氏住宅

崔氏住宅，现存堂屋一进及西厢。天井近方形。穿斗抬梁式，扁作，脊童柱饰斗拱，有雕饰。梁柱间用衬板。柱顶上无支柱无木础。圆椽上盖望砖小瓦。次间有天花地板。

（5）董氏住宅

董氏住宅坐北朝南，建筑面积95.22平方米，面阔三间13.8米，进深6.9米，檐口高3.6米，七架五柱穿斗式，扁作月梁，硬山顶。窗为槛窗、支摘窗，尚保存满天星窗格。木攒柱础，柱径

董氏住宅

张氏住宅

32 厘米，院内右侧有一口古井。

(6) 贲氏住宅与张氏住宅

贲氏住宅和张氏住宅均为明代所建，其中贲氏住宅占地 339.4 平方米，建筑面积 77.7 平方米，面阔三间长 10.5 米，进深七檩长 7 米，檐高 2.9 米，硬山顶，东山墙砖雕神龛，制作精细。张氏住宅现存堂屋三间，进深七檩，穿斗式梁架，双步前后廊，扁作。地面铺斗文式条砖。

古镇年久失修的民居

4. 保护建议

富安古镇是淮盐生产运销的重要节点之一，是淮盐文化的见证。目前虽然富安古镇已被列入保护区，但并未按要求受到应有的保护和重视，许多具有历史价值的古建年久失修，破损严重，西街沿街建筑由于当时新城规划已被拆除重建，淮盐文化也随之逐步消失。建议加快对古镇的保护和修复工作，恢复古镇街巷的传统风貌，再现淮盐文化的辉煌。

图文：
赵　逵　华中科技大学建筑与城市规划学院教授
张晓莉　华中科技大学建筑与城市规划学院硕士

支塘古镇鸟瞰

江苏常熟支塘古镇

1. 概况

支塘古镇位于江苏省常熟市区东南约20千米，南接昆山，东连太仓，据白茆塘支流成市，故得名。东晋时此地已有民众散居；唐代中晚期成村；宋初成市，属常熟县双凤乡集贤里；元末“苏州王”张士诚在此修筑土城；明代以来作为常熟东乡地区的建制中心，街镇格局蔚然壮大；至清代中晚期居民逾3000户，商肆云集，成为与唐市、恬庄、梅李等齐名的常昭重镇；1910年支塘单独建乡；新中国成立后经多次乡镇归并，成为常熟一大乡；1986年撤乡建镇至今。

2. 古镇布局

作为长江三角洲沿江平原地区重要的漕运贸易市镇，支塘的形成与发展都离不开贯穿全镇、交汇于镇中的两条著名的江南古运河水道——盐铁塘和白茆塘。

据史载，汉初吴王刘濞主持开凿“北受长江水、南通吴淞江，

盐铁塘两岸

枕水人家

支塘古镇历史风貌格局图

北街

杨家弄

长达数百里”的盐铁塘，不仅便利了吴地沿海盐铁生产运输，还具有农业灌溉排涝和地区商贸往来的重要功能；五代吴越王钱镠开凿白茆塘，起自常熟小东门，向东南由白茆口入长江，为吴越国疏浚海虞二十四浦之一。支塘得名正源于白茆塘的支流湖漕塘，又称支川、支溪、支里，也因盛产灵芝，又名芝川、芝溪、芝里。

两条古运河交汇处成为支塘市镇发展的源点：在白茆塘南岸、盐铁塘东西两岸，率先形成南北向以东西两塘岸为主的带状枕水民居区，街市则向东西两侧延伸。元末张士诚因军事城防需要，筑起方圆5里的土城墙，人口与街市范围都随之扩张，成为纵跨白茆塘、横跨盐铁塘的贸易集镇。至明代街巷格局更趋体系化，盐铁塘以西形成了纵贯南北的两条主街——北街、南街。北街上至白茆塘，南街下抵集贤门，街上聚集着义源生糕点、绿云泉茶楼、近义轩茶楼、万隆新茶叶店等众多老字号；北街端头向东为东街，南北街交会处向西有西门街，数条长长窄窄的弄堂勾连坊里之间，自北向南有小石桥弄、西弄、杨家弄、虹桥弄、浴室弄、中桥弄、唐家弄、南乔弄等。大小庙祠遍布市镇，如始建于宋代的褒亲崇惠寺，清代有“支塘八景”之盛况。

新中国成立后随着水陆向汽车运输转变和公路交通的建设，支塘地区建成了东西向的淦昌路和南北向的长桥路（今名芝溪路）两条公路。20世纪80年代后各类镇办、村办企业蓬勃发展，城镇空间进而向公路以西、以南扩展。

屋旁的八风山海镇

集贤桥与虹桥

3. 建筑特色

如今留存下来的古镇传统街坊集中在白茆塘南、盐铁塘两岸，呈现出南北街与盐铁塘水陆并行、东街与西弄顺白茆塘南岸延展的“T”字形布局。南北街上密布的店铺旧观保存完好，只是岁月更迭，商业活动外迁，祠庙书院等无存，鳞次栉比的街屋转变为住家；盐铁塘两岸粉墙黛瓦、绿荫如盖，三座古桥（集贤桥、虹桥、中兴桥）勾连着东、西两塘岸的枕水生活。集贤桥，俗称小石桥，位于白茆塘和盐铁塘交汇口，跨盐铁塘与东街相连，据载为明嘉靖十九年（1540 年）建造的单孔石拱桥，南、北桥栏有覆莲方柱，为支塘地区现存最古老的桥梁。

保存较好的民居有东街的姚厅、张宅、姚氏宗祠，小石桥弄的周家陈楼，南街的王淦昌故居等。其中，位于集贤桥东首的姚厅为明代京官姚汝化告老还乡时所建，现存厅堂一座，金丝楠木

典型民居屋顶

建筑山墙与屋面

的梁架上彩绘清晰可辨，雕凿成荷叶状的驼墩曲线圆润饱满，经整体修缮后用作砖雕博物展示馆。南街王淦昌故居，是我国当代“两弹元勋”王淦昌院士青年时生活学习的场所，据查建于明末清初，坐东朝西，前临街后枕河，是典型的江南天井式住宅。

4. 保护建议

支塘古镇的整体规模与风貌保存较为完整，水乡环境质朴，生活氛围祥和。古镇可在全面改善人居环境、修复水乡历史环境的同时，充分发掘和弘扬传统民俗文化的当代功能，突出以支塘羊肉、太湖白萝卜和支塘糕点为代表的支塘传统饮食，积极传承支塘油纸伞制作、支塘滚灯、茶楼书场说书等江南民间艺术，传承一个真实生活着的江南水乡小镇。

图文：
袁　菲　葛　亮　上海同济城市规划设计研究院

焦溪古村鸟瞰

江苏常州焦溪古村

1. 概况

焦溪古村隶属江苏省常州市东北部武进区郑陆镇，地处常州、无锡、江阴三市交界处，西距常州市中心约20千米。焦溪历史可以追溯到传说中4000多年前，后凭借其特殊的地理位置，在唐代形成集镇雏形，宋代时称焦村；明初朱元璋的老师焦丙在此隐居当塾师，村因此更名为焦塾；到清代已成市镇，成为常州东门外大集镇，更名为焦店。焦店河原名龙沟河，南街支流到鹤山一段叫南溪，人们为了以水（溪）克火（焦），在清代乾隆以前就已称为焦溪。

2. 古村布局

焦溪古村临河而筑，“面街背水户通舟，台榭高低临水际”，民居建筑对外封闭，墙面多开小窗，入口成为立面处理的重点。入口处为了避免水淹，通常会抬高入口标高，并设置多级台阶踏步。

焦溪的主要街巷顺水铺设，

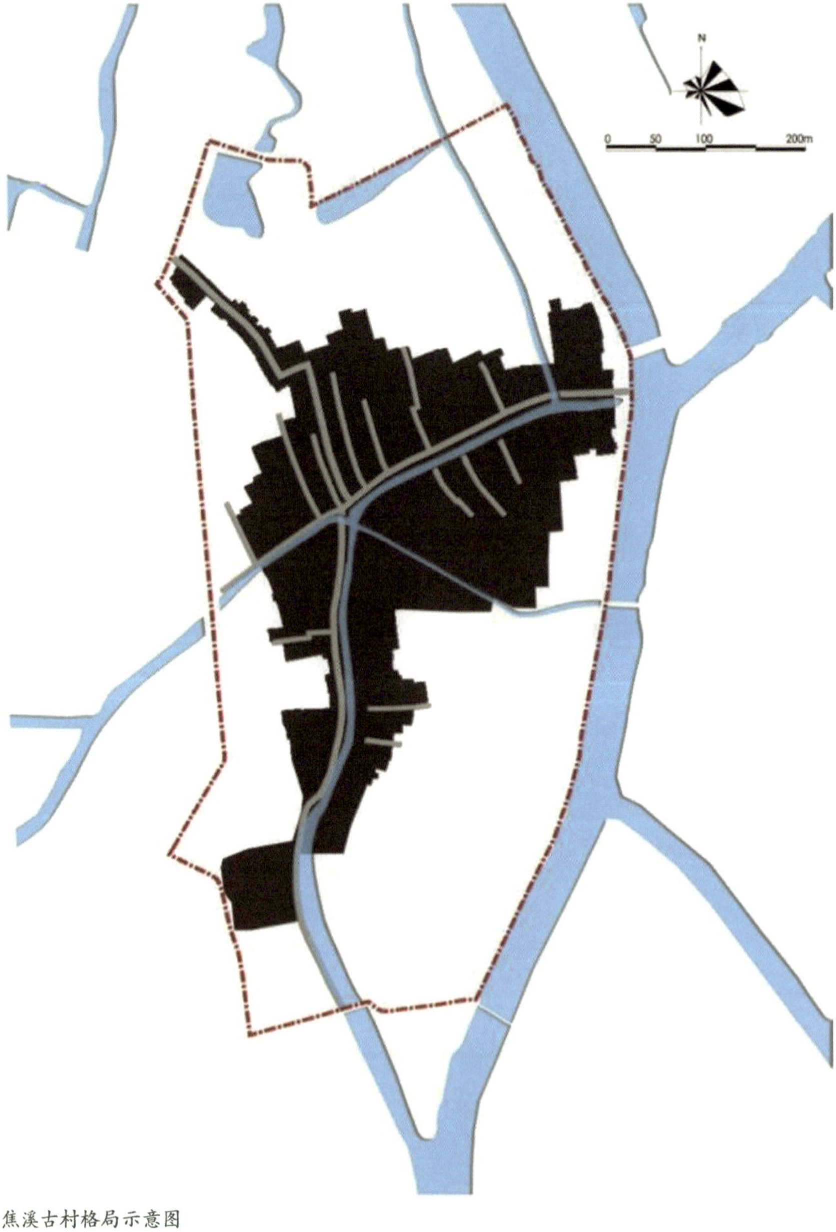

焦溪古村格局示意图

南下塘民居

三元桥与南街民居

与垂直于街巷的弄堂构成了纵横交错的骨架体系，明清时所建的青龙、咸安、中士、三元等精致古朴的石拱环洞桥横跨龙溪河上，编织了一幅“小桥、流水、人家”的水乡美景。空间肌理保存较为完整，目前，仍然保存有“一河、四桥、五街、十三弄”的空间格局。列入名单的历史建筑有31处，总面积达4400平方米；历史街巷完整，风貌连续的历史街巷有22条，总长度4008米；贯穿村落的龙溪河岸侧还有众多码头、古树，村庄外围的自然山水格局和环境均保存良好。

龙溪河

繁盛时期的焦溪商业发达，涉及粮食、生猪、蒲包、木材、布庄等30多个行业，大商号有33家。众多名士人才辈出，历史文化渊源深厚，堪称崇德尚学、华夏圣贤聚集的人文盛地。古村民间艺术形式十分丰富，有锡剧、常州小热昏、常州宣卷、常州唱春、滩簧、说书、山歌、马灯、龙灯、高跷、风筝等，其中锡剧

老新街

门头

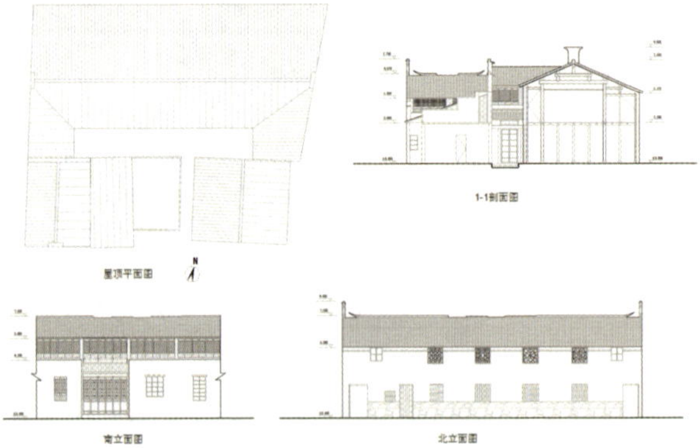

进士厅测绘图

和常州小热昏列入了国家级非物质文化遗产名录、常州宣卷列入了省级名录。此外，鹤峰书院山长承越等人于1869年创办的“菊花诗社”也名噪一方。

3. 建筑特色

焦溪古村依山傍水，是一个以“黄石半墙”建筑技艺为特征的南地北风江南水乡传统村落，也是一个江南山水兼备、风貌格局完整、明清商贸典型的代表村。黄石半墙是焦溪古村一种特别的建筑构筑方式，巨大尺寸的黄石作为建筑的主要维护结构，高度少则占总立面的一半，多则直至檐下，远超出了石质基础、勒脚的功能，除了一般的防潮、围护、防御的功能外，其尺寸大小、高低度、材质均匀程度与居住者的

仇家弄

黄石半墙特色民居

经济状况具有一定的关系，与其他邻近石材产地的传统聚落相比具有鲜明的独特性。

雕花墙

4. 保护建议

焦溪古村是华夏古圣贤崇德尚学、归隐终老的文化纪念地。建议通过挖掘古村圣贤文化精髓，整合历史文化资源，以“古宅、古街、古巷、古弄、古河、古桥”为载体，展示以“黄石半墙”建筑为特色的江南水乡风貌。在保护村庄的历史文化遗存真实性和历史环境整体性的基础上，形成“有风景、有生活、有文化”的“千年古村·圣贤焦溪”。

图文：
张文珺　刘英姿　沈　澍　常州市规划设计院
袁　菲　葛　亮　上海同济城市规划设计研究院

枕河人家

江苏苏州盛家厍老街

1. 概况

后梁乾化元年（911 年），吴越王钱镠在吴淞江源头南北各筑一城，北城即为现在苏州吴江区的松陵镇。它既是一座典型的具有河街并行、桥路相依格局的水乡古镇，也是一个拥有丰富历史文化内涵，具有独特江南人义景观的文化之镇。

松陵镇东南有片历史街区，东靠虹桥河，面积约 11.18 公顷。明代处士盛灿建“柳塘别邺”于此，后盛氏家族在此世居，故名“盛家厍”。“厍”读音同“舍”，在当地方言中为村庄的意思，在吴江地区比较常见。该街区在建立松陵镇之初便有人家，宋庆历八年（1048 年），街区北侧垂虹桥建成，街区与松陵镇其他区域的交通联系更加便捷，街区越发兴旺起来。而后由元明至清，该街区作为城东南的贸易集市而繁盛，一直持续到民国和新中国成立以后，20 世纪 80 年代由于街区周边交通条件的便捷从而使

传统街巷之一

传统街巷之二

传统街巷之三

街区逐渐衰落被边缘化，目前约有300余户居民。

2. 老街布局

盛家库街区是吴江城区现存唯一保留着晚清至民国期间历史风貌的街区，依然保持着河街并行的历史格局和枕水人家的建筑风貌。主街航前街向南延伸至新盛街与新盛横街形成“丁”字形的街巷格局，其中新盛街古称盛家库、新盛库；新盛横街古称南濠街；而湾塘里原为河道，今填河为路。东西向的新桥河和南北向的虹桥河古时均为吴江城区的护城河，呈“十”字形贯穿整个街区，形成典型的河街并行的江南水乡格局。

3. 建筑特色

街区传统建筑延续典型苏式特点，粉墙黛瓦，体量轻盈，错落有致。私家宅院因地制宜，幽静精巧，历史上有“柳塘别邺”“驸马园”“南溆书庄”“张居正宅”等多处私家宅园。功能布局上沿街建筑有“前店后坊”“前店后宅”“下店上宅”等各类形式，沿街、沿河界面或开敞、或封闭，鳞次栉比，富有韵律感。

N
0 10 25 50 100M
图例
一类风貌
二类风貌
三类风貌
四类风貌
垂虹桥
东虹桥
泰安桥
虹桥
里塘湾
新桥河
虹桥河
中山南路
江陵南路
垂虹路
新盛街
中市街
盛库弄
横街
新盛弄

盛家库老街建筑风貌图

传统建筑门楼

建筑细部

“下店上宅”传统建筑样式

4. 街区人文

盛家库老街已有千年历史，因周边水域盛产鲈鱼而远近闻名，苏东坡、米芾、王安石、陆游、杨万里、姜夔等文人墨客慕鲈而来，曾在这里停留，留下了众多品鲈佳篇。旧时盛家库是吴江地区最繁华的地段，老街与沿河两侧商贾云集，盛况非凡，各类药店、茶馆、酱园、南货店、鱼行等当地有名的老字号鳞次栉比，可谓百业皆兴。盛家库北侧不远处是始建于北宋的垂虹桥，被称为“江南第一长桥”。据史料记载，当时垂虹桥三起三伏，环如半月，长若垂虹，故而得名。垂虹石桥的建成，消除了苏杭驿道的最后一个险要大渡口，自此带动了盛家库街区的繁荣，“垂虹夜月”也成为吴江八景之一。由唐伯虎所作的《垂虹别意图卷》就是描绘了明代以沈周为首，祝枝山、文徵明、唐寅等30余位吴门才子送别友人时的场景，传为诗画界的一段佳话。

垂虹桥

私家河埠头

虹桥

5. 保护建议

盛家库历史街区具有独特的历史文化底蕴和丰富的历史文化遗存，应该成为展示吴江地区传统文化的精华地，成为吴江城区文化旅游融合的集聚点，重塑传统商业与现代生活方式交相辉映的魅力街区。

（1）保护空间。通过对街区空间格局与风貌的梳理，保护整治现有的传统街巷、河道桥梁以及沿街沿河建筑，治理水系环境，保护桥－河－街－建筑形成的特色空间关系，形成多样的公共开放空间，突出其水乡环境特点。

（2）复兴功能。重现街区因水而商的氛围环境，延续临水而居的生活模式，有机更新旧改地块，积极发展继承传统文脉的现代文化休闲产业，恢复部分传统私家园林，再现吴江园林精神，发展成为文化旅游休闲之胜地。

（3）传承文化。通过对传统江南水乡特色的继承与创新，提炼街区的核心空间要素，挖掘江南街市的空间特色本质，塑造兼具传统空间特色与现代生活方式的新江南水乡韵味的文化街区。

图文：
彭　锐　苏州科技大学城乡规划系副主任

红土溪古镇鸟瞰

湖北恩施红土溪古镇

1. 概况

红土溪古镇位于湖北省恩施市以东110千米，是红土乡政府的所在地。红土乡地处海拔1800米的高山台地上，是恩施市“四县市五乡镇”的“高山片区”之一。马尾沟、东家河汇入清江，3条水系从红土溪古镇环绕而过，水系的通达让其在高山之地成为川盐古道上的重要驿站。

红土溪古镇是川盐古道中3条线路的交会节点，商业贸易往来繁盛。一是北线，经建始县、红岩寺镇、花坪镇至红土溪；二是中线，自鸦鹊沟、沙地乡、新渡坝至红土溪；三是南线，“改土归流”后连接施南府和鹤峰州的“施鹤大道”，经三岔口村、新塘乡至红土溪。其中，红土溪、新塘和石灰窑是沿途重要的驿站。古代盐道、官（驿）道、人行大道在此交会，是恩施、建始、鹤峰、宣恩4县的商贸集散地。

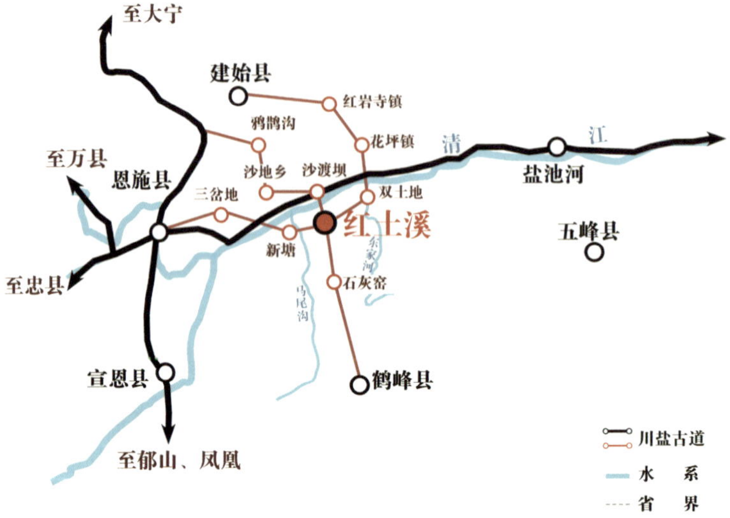

红土溪在川盐古道上的区位图

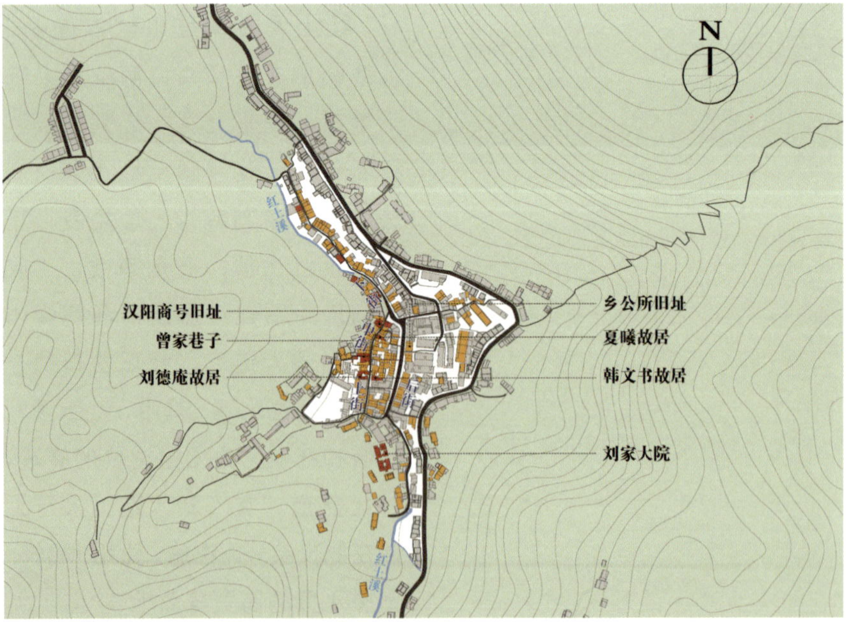

红土溪古镇总平面图

红土溪古镇上街

中街的过街明楼

老街青瓦长廊鸟瞰

2. 古镇布局

红土溪古镇街巷结构分为上街、中街、下街和后街。上、中、下街建造时间早，街巷空间顺应原有红土溪的水势，呈东南向西北顺势而建，保存至今。

街巷空间以天井回廊式建筑为主，沿街建筑多栋保存完好：上街有韩书文故居、刘家大院；中街有百年老街牌坊、老文化站旧址；下街有老油榨坊。上街与下街由武圣庙相衔接，庙上方建有戏楼，称为“过街明楼”，来往居民在此祈福。

刘家大院鸟瞰

刘家大院入口花园

刘家大院室内

刘家大院天井

过街明楼局部

3. 建筑特色

红土溪古镇建筑风格以土家族吊脚楼为主，但有一种土家族吊脚楼少见的天井式民居，天井中有“过街明楼”，即在自家宅院的二层连“桥”而过，极具特色。

（1）刘家大院

当地保存较完整的三进式院落，占地约700平方米。屋内牌位写有“墨庄遗业”，堂号显示，刘氏家族移民自江西。刘家大院屋内设有3个天井，庭前是一座花园，大院屋内有“大刀梁”的挑檐，天井两侧各有一座石门，墙面均有彩绘。每逢集会时，人们聚集于有天井的大屋内，商议族内事务。

（2）韩书文故居

曾是四合天井式的走马转角

楼，两层半高。被誉为“明法学士”的韩书文从日本学成回国后，任北洋政府司法官兼幕僚。韩过世后，其夫人吴氏带着女儿回红土溪古镇定居。如今天井两侧的厢房改造成为理发店和商铺。

（3）刘德庵故居

穿斗式结构，为三进式院落。屋内的明楼设在神龛上，人不能从祖先牌位上走过，故用一座桥连接两侧房屋，避开神位上方，称为明楼，有两侧镂空明亮之意。刘德庵本人在恩施东乡颇有威望，著有《德庵文集》，现存《建筑乡公所序》一篇得以保存。

（4）汉阳商号旧址

红土溪古镇作为恩施市保存较为完好的古贸易市集，在晚清至民国期间，江浙帮、湖南帮、江西帮、本地帮商行在此经营药材、盐业、布匹和洋货。此外，本地人在川盐古道上将当地的桐油、木梓油等土特产带到云阳换取井盐，再把食盐贩卖到湖南等换回布匹和日常用品。因此，汉阳商号旧址是红土溪古镇历经繁华商贸的历史见证。

（5）乡公所旧址

乡公所旧址所在地原称阮家坪。民国期间建筑乡公所，有落成纪念碑，新中国成立后曾为革委会、区公所和乡政府驻地。如今建筑外立面墙上已贴上新砖，其使用功能不断转化后现已成为商铺。

4. 保护建议

红土溪古镇是原川盐古道中尚未被记载的遗珠。建议加强对文化线路遗产的研究与保护，与红土溪古镇周边村镇乃至重庆、湖南相关村镇联合进行保护与开发。同时推进地方交通发展，使其利于文化线路的开发。根据川盐古道及村寨的分布，优化当地乡村旅游公路，为村镇开发和保护奠定基础。

图文：
赵苒婷　华南理工大学建筑学院博士研究生
赵　逵　华中科技大学建筑与城市规划学院教授
黄　燊　华中科技大学建筑与城市规划学院硕士

谢家院子古村鸟瞰

湖北武汉谢家院子古村

1. 概况

谢家院子古村位于湖北省武汉市黄陂区长轩岭街赵畈村（行政村），距武汉市中心城区约60千米。古村自然生态环境优越，东北枕山脉，南眺木兰山，西依滠水河，一片绿水青山。

古村自西周时期就有人烟，明成化十七年（1481年），定居中原的谢氏先祖谢姓伯六公一脉后裔第四世祖东里公，辞官举家迁隐于此地，聚集组建谢家院子古村并传承至今。清嘉庆年间（1796—1820年），王家从谢家手中购买谢家院子老宅，并进行改、扩建。至晚清民国时，王家出了“神童”王惟善，其作为“洋务运动”公派学子曾留学比利时，官至民国外交部次长，至此，谢家院子古村的宅院建设发展达至鼎盛。

从地理区位上看，谢家院子古村位于南抵长江、北达中原的古驿道上，相传花木兰将军从长轩岭驿道踏上北抗胡羌之路，驿道西侧为滠水河（府河），古称涢

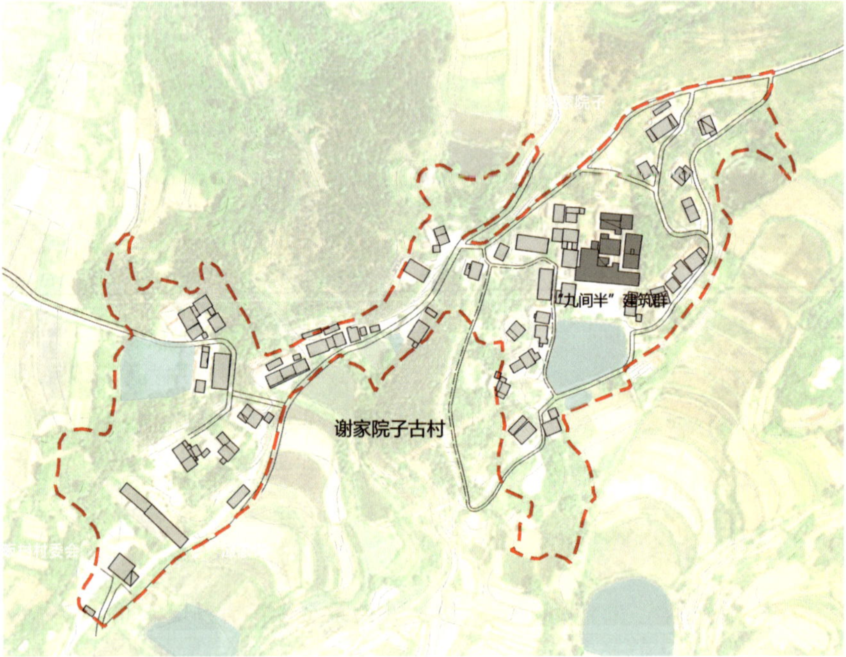

谢家院子古村平面图

风水塘

水，在《水经注》和《清史稿·地理志》中均有详细描述，是古代联系中原与长江流域的水路要道。古村受中原血缘宗族文化、农耕文化和黄陂木兰文化的影响，在村落选址、建筑群设计、人文性格等方面均体现宗族等级秩序、尊崇家庭伦理、农耕自给自足和木兰文化自强不息、勇克困难的文化特征。

谢家院子古村传承诸多优秀传统文化，包括国家级非物质文化遗产木兰传说、省级非物质文化遗产木版年画、元宵佳节的耍狮子、祈求平安的舞龙灯以及独具特色的民间建筑手工技艺木兰干砌等。

2. 古村布局

谢家院子古村的选址遵循堪舆文化，东、西和北三面山丘环绕，南面为水塘，水塘与西侧滠水河相连，塘外为百亩梯田，可谓阴阳调和，“藏风得水聚气”，整体呈现“北高南低、前塘后屋、

木兰干砌式建筑

“九间半”复原图

“九间半”建筑

两山环抱、田围在前、棋盘院落、相对集聚”之格局。

古村遗留众多古民居，建筑采用木兰干砌手法建造，取材当地树木，采用穿斗结构，榫卯组合，不使用钉楔，墙体采用山坳中大小石块堆砌而成，石块相互间压、相互牵扯、结为整体，不使用石灰砂浆黏合，只在关键部位施以糯米浆加固，干垒形成。

3. 建筑特色

古村的建筑颇具特色，但其中最为璀璨的历史文化瑰宝当数谢家院子老宅，老宅是由九组完整围合的天井院落和一个独立的天井院落组成的建筑群，当地俗称“九间半”。建筑群呈行列式布局，对外只有南北各3个出入口，通过南、北3条公共巷道连接9个既独立又相互联系的天井院落。天井院落以天井为中心，建筑包含前厅、中厅、正房、后厅和左右厢房。建筑群建筑形制为天井围屋（《湖北建筑集粹：湖北传统民居》），“九间半”整体布局遵从“秩序”，守“礼制”，中轴对称，尊卑有序，体现了中国古代礼法社会以血缘谱系为前提的宗法观念和等级秩序，崇尚以德为核心，以礼为载体，将重温情、有仁义、尚亲和与重秩序、有规矩、尚恭顺相结合，具有坚固性、安全性、封闭性和合族聚居的特性，在武汉地区甚为少见。

目前，“九间半”建筑群完整保留了“三门三巷”的空间格局，3条南北公共巷道于建筑群南向主立面开3门（“土改”时期分户，农户私自增开了门窗），中门对应中巷（主巷），门口遗存一对高约1米、长约3米、雕

“九间半”中巷

“九间半”东巷

石雕户对局部

石雕户对细部

“九间半”西巷

有夔龙纹的石雕户对，墙面留有拴马环，彰显着往昔的繁华。3条巷道北部整体地势略高，平均进深45米，巷宽4米，石质铺地，巷内设小天井、排水渠和天井院落的大天井互通，共同形成院落的排水系统，将水排向门前风水塘。建筑群北部依山就势设置供家人玩赏、休闲娱乐的花园，磴道盘曲，叠石独特，上筑一亭，可眺望四周景色。

村内古建筑大都建于清嘉庆年间，坐北朝南，石木结构，屋顶多为单檐硬山顶，大部分屋顶为双坡，部分双坡不对称，多用灰瓦，檐口雕花。

屋檐雕花

檐口装饰

窗格

谢家院子20号（王惟善故居）为保存最为完整的天井院落，房屋进深22.6米，面阔14.8米，建筑占地面积335平方米，院落中间天井以条石铺成，前厅、左右厢房、正房多用红色或褐色格扇分隔空间，格扇装饰丰富，多为“福、禄、寿、喜”等吉祥字和龙飞凤舞、麟吐玉书等图案，左右巷道入口颇有特色，多设置石质门框，顶端多有折线变化。

谢家院子24号，房屋为砖石结构，立面有“寸八沟”和锦地纹雕刻，楼檐均为砖雕，是以尖细的工具琢出大小、深浅、疏密不同的微点而成，图案以芙蓉、牡丹表现“荣华富贵”，“祥云”象征家庭圆满吉祥、仕途蒸腾向上，彰显着院落主人的身份与地位。砖雕花纹图案皆造型精美、高贵而华丽，从中可窥见当时的工艺水平。

谢家院子20号（左）、24号（右）

簸箕

柱墩

石碾

4. 保护建议

谢家院子古村坐拥黄陂乃至武汉地区保存最集中、风貌相对完整的天井围屋建筑群，2017 年 9 月，谢家院子古村被武汉市人民政府列为“第一批武汉市历史文化名村”。当务之急是对谢家院子古村的村落格局、建筑群和建筑单体开展相关规划和保护工作。同时，建议结合国家出台的乡村政策，有针对性地盘整古村落建筑权属，发展依托村落文化的文旅产业，促进村民增收，激发其保护古村的积极性；制定科学的保护措施，防止古村沦为空壳景区和遭到“冰冻封存式”保护。应将保护与开发相结合，还原建筑的原真性和生活的真实性，保障传统文化的传承。

图文：
徐国斌　童璐玲　武汉市规划研究院

军马铺排门

湖北十堰军店老街

1. 概况

军店老街位于湖北省房县县城以西 11 千米处。老街分为两个部分，军马河北为下店子，军马河南为军马铺。684 年，唐中宗李显被武则天贬至房县，曾在此屯兵，故称“军马铺”。又由于此处位于上通川陕、下系汉水的地理位置，川、陕、鄂、豫过往商客常在此歇息，由此得名为“下店子”。后将“军马铺”和“下店子”合并称为“军店”。

清末民初时期，随着川盐济楚政策的颁布以及商贸的发展，军店成了房县乃至整个鄂西北盐业和山货通向外界的重要集散地。抗日战争期间，大批的移民使之繁盛一时。尔后，随着抗战移民的迁回，老街便没有了往日的繁华， 军马铺老街逐渐没落。改革开放以来，新的陆路交通的偏移，使河北的下店子老街也走向衰败。目前下店子老街整体面貌保存良好，军马铺老街仅上街面貌犹存，整个老街是鄂西北地区少有的保存完好的明清古街道。

军店老街建筑布局图

下店子老街之一

下店子老街之二

2. 街道布局

军店老街由军马铺和下店子两条老街组成，两街以显圣殿东侧的蛤蟆井为交界点，老街依山而建、傍水而居。军马铺老街位于蛤蟆井西侧及显圣殿前小河对岸，全长450余米，主街道沿军马河呈半弧形延伸。下店子老街位于蛤蟆井东侧，街道顺应山势呈直线形逐步向东延伸，全长1000余米。历史上，这里是鄂、豫、川、陕的商贸交通枢纽，也是朝廷传递文书的必经之地，于是出现了小饭铺、小旅馆。明末清初，这里已是店铺相连，往来的川陕商客、盐客络绎不绝，街道繁荣兴盛，其中最大的商号为“吴福泰”和“邓长泰”两家。

邓家大屋

改建中的民居

3. 建筑特色

军店老街保存了明清时期鄂西北传统民居的风貌特征，兼具北方民居的朴实和南方民居的秀美。老街作为鄂西北山货及四川盐业运输的集散地和交通枢纽，商铺街屋成为主要的民居类型。主要建筑沿街道两边布置，前店后宅，以天井院为中心的合院是其民居的主要形式，其布局依次是店面、天井院、正屋及两侧厢房；随着人口的增多，布局又沿纵向展开，发展为多进院落。这里的天井院多为方形，但由于地形的限制，也会出现长方形的天井院落，但其主要作用仍是通风采光、联系前后空间。虽然明末清初时军店老街已是店铺相连，但还是有不少半农半商、农闲则商、农忙则耕的居民，其庭院空间表现为一种半室外空间形式，庭院空间比天井大，可以较长时间接受阳光的照射，便于晾晒农作物。前店后宅式的街屋导致了排门的出现，排门全为木板制成，木板可拆卸，白天营业时全部拆下方便营业，晚上关闭形成封闭的空间。临街面的一、二层之间以横向木梁分隔，二层阁楼或用固定的木板封闭，或设置可移动的木板，或设木窗，以供二层阁楼通风采光。

除民居之外，在军马河出口处房山脚下有一处显圣殿古建筑群。其中的武圣宫建于清乾隆年间（1736—1795 年），道光二年（1822 年）重修，咸丰十年（1860 年）在后山之巅增修真武阁。武

下店子老街一井院落大天井　下店子老街二井院落小天井

蛤蟆井

真武阁

显圣殿

原为信用社，现为民居

军马铺民居长方形天井院

圣宫为双层歇山顶式宫殿建筑，其内供奉武圣关羽像。武圣宫西侧为藏经阁，藏经阁依山而建，硬山式屋顶，面阔五间，三层，为木结构，两山墙为清水墙，山墙上蚂蟥钉清晰可见，整个屋面装有六样黑筒瓦，其上的小跑、仙人、垂兽保存完好。由藏经阁沿山路上行即到配楼和真武阁，真武阁形制同武圣宫，采用青石雕刻八仙图案台阶贴面，八角青石板铺地，配有隔扇门窗。显圣殿古建筑群与武当山道教建筑群一脉相承，素有中武当之称，历来宗教活动兴盛。1931 年，贺龙率红军在此建立了中华苏维埃政府。

如今每年农历三月三，县政府都会以紧扣时代脉搏的主题举办“显圣殿民俗文化艺术节”，这已成为当地人民群众文化生活中必不可少的盛事和对外文化交流与宣传的亮丽名片。

4. 保护建议

传统村落、历史街区是物质文化遗产和非物质文化遗产的综合，是地域文化的集中反映。军店老街是明清时期鄂西北重要的物资商贸集散地和交通枢纽，两条古街很好地记录了这一由特殊交通地理环境造就的古代重镇的兴衰演变，极具历史价值。老街目前保留的风貌格局是鄂西北传统民居建筑和街区的典型代表，极具建筑学研究价值。

随着新修公路的偏移和城镇化的推进，老街上的部分居民已经搬离；老街已年久失修，破败不堪，居民自行改建情况严重。军马铺下街由于居民自行改建已经失去了原有的面貌，下店子老街目前正在进行修缮，亟须规划予以指导。当务之急是以显圣殿为中心，对军马铺老街和下店子老街进行整体性规划，使两条老街的整体风貌能够得以保存。

图文：
赵　逵　华中科技大学建筑与城市规划学院教授
刘　乐　武昌理工学院城市建设学院助教
肖　铭　华侨大学建筑学院副教授

谷城民居局部鸟瞰

湖北襄阳谷城老街

1. 概况

谷城地处鄂西北山区，扼汉江之要津，天然的地理交通条件使之成为汉水流域较大的港口之一，在历史上曾是鄂西北的一个繁华重镇。同时也形成了以中码头为核心，汉水、南河为水路重点，以沿南河走向的老街为陆路重点的沿河商贸中心。老街位于湖北省襄阳市谷城县城区东南部，地处汉水支流——南河北岸，总面积约为4.56平方千米。老街历史街区形成于宋元年间，由于位于谷城县城前往南河码头的必经之路上，随着商贸的发展，在明清时期成了整个谷城乃至整个鄂西北的山货和矿产通向外界的集中地，又是外界的商品货物返销回鄂西北地区的通商口岸，是一个规模相当大的商贸、交通枢纽。改革开放以后，随着水路交通的荒废，陆路交通的崛起，老街一带逐步走向衰败。

巷道

五发街

五福街

极少数仍在营业的店铺

2. 老街布局

老街历史街区曾是繁华的集镇，整个集镇的形成起源于南河边的上、中、下三个码头，随着货物运输量的增加，原先几条通往码头道路两边的商、住户密集程度渐渐提高，成为带形聚落并逐步发展横向开辟新的道路。街区道路两旁的住户基本采用前店后宅的居住形式，商贸交易日趋繁盛。直到明清时期，整个街区成了鄂西北地区最为繁华的大型商贸集市之一。由于其形成过程都是自发的，故整个街区的格局没有非常有逻辑的规则，现在留存下来的老街街区中，中码头街、老街和后街分别伸向南河的三个码头，是整个历史街区的主要街道。过去，在街区的商贸鼎盛时期，白天，家家户户除去门前的挡门板，打开门来做生意，更有五湖四海的流动商人在街上吆喝交易，好不热闹；而到了晚上，店铺关门，自家退居屋中，老街便呈现出祥和安宁的生活气息。老街将过去商、住混杂的街区特点体现得淋漓尽致。

改造后的民居

改造后的民居大门

建筑细部寨墙二门

3. 建筑特色

谷城老街整体建筑保持了明清时期鄂西北传统民居的风貌特征，兼具北方民居的朴实和南方民居的秀美。在现存建筑中，多为前后多进的砖木结构街屋民宅。街道宽约3米，原来的青石路面如今已被水泥地面所代替，其建筑布局多为前店后宅。为了扩大商铺的使用面积，街区上的许多民居都采用第一进明间小、次间大的模式，到了第二进才恢复明间大、次间小的传统民居形式。一般老街民居的第一进院与第二进院落之间设置寨墙，将公共活动的店堂与私密空间的寝院分离。寨墙之上开有院门，是家庭后院

老街35号税务局

三神殿

三神殿巷子

的主要入户门，住户都在此门的装饰上大做文章，精雕细凿，极尽工巧。

除了民居之外，因为是非常繁荣的商贸交易中心，来自各地的商人都云集于此，有会馆、税务局等，散落在街区各处，并制定了许多的章程。同时，为了保佑从远方来此行商的商人一路平安，又建了三神殿供人祈福。可以说，老街中建筑类型丰富，是一个非常完整的古代商贸交易中心。

对称式天井

4. 保护建议

谷城老街是明清时期由水路交通而形成围绕货运码头发展的集市空间，是当时整个鄂西北地区的商贸重地。经历了从明清至今500余年的风雨洗礼，整个历史街区得以保存至今，是鄂西北地区最大、最完整的民居群落。但如今大部分老宅年久失修，破败不堪，居民自行改建的行为不少，但都未经过统一的保护指导，对老建筑原本的风貌破坏得较为严重。目前，老街历史街区亟须一个可以实施的规划指导，以恢复老街原本的商业性质为目标，将其发展成为一个以历史商贸集市为主题的旅游点，使得老街区在风貌不被破坏的前提下可以得到发展，成为谷城的一个活力体，而不是如今的一片寂寥之象。

图文：
桂薇琳　刘天竹　同济大学建筑与城市规划学院
葛　亮　同济大学国家历史文化名城研究中心

黎黄陂路历史建筑

湖北武汉黎黄陂路老街

1 概况

汉口黎黄陂路是原汉口俄租界的主要街道，也是现存的原汉口租界区内历史建筑与街道格局保留最为完好的街区之一，1861年汉口开埠，在黎黄陂路周边2.46平方千米的区域内，划分了英、俄、法、德、日五国租界，并在汉口租界区建立了12个外国领事馆、近30家外资金融机构和100多家洋行。汉口从以汉正街为代表的传统民居小镇一变而为带有鲜明殖民色彩的繁荣都市，甚至被誉为“东方芝加哥”。而位于俄国租界的黎黄陂路，正是这段沧桑历史的缩影。

回顾历史，黎黄陂路所在区域于1897年划为俄租界，1900年租界当局修筑此路，当时叫“夷玛街”。1925年中国收回俄租界，为纪念两任民国大总统黎元洪改名为“黄陂路”（因黎元洪祖籍是黄陂人，故人称黎黄陂），1946年抗战胜利后，国民党市政府为避免误解，改为黎黄陂路。

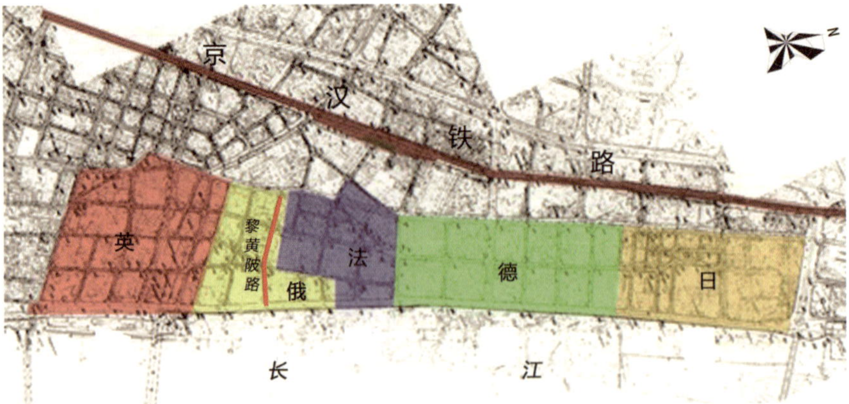

黎黄陂路在五国租界位置图

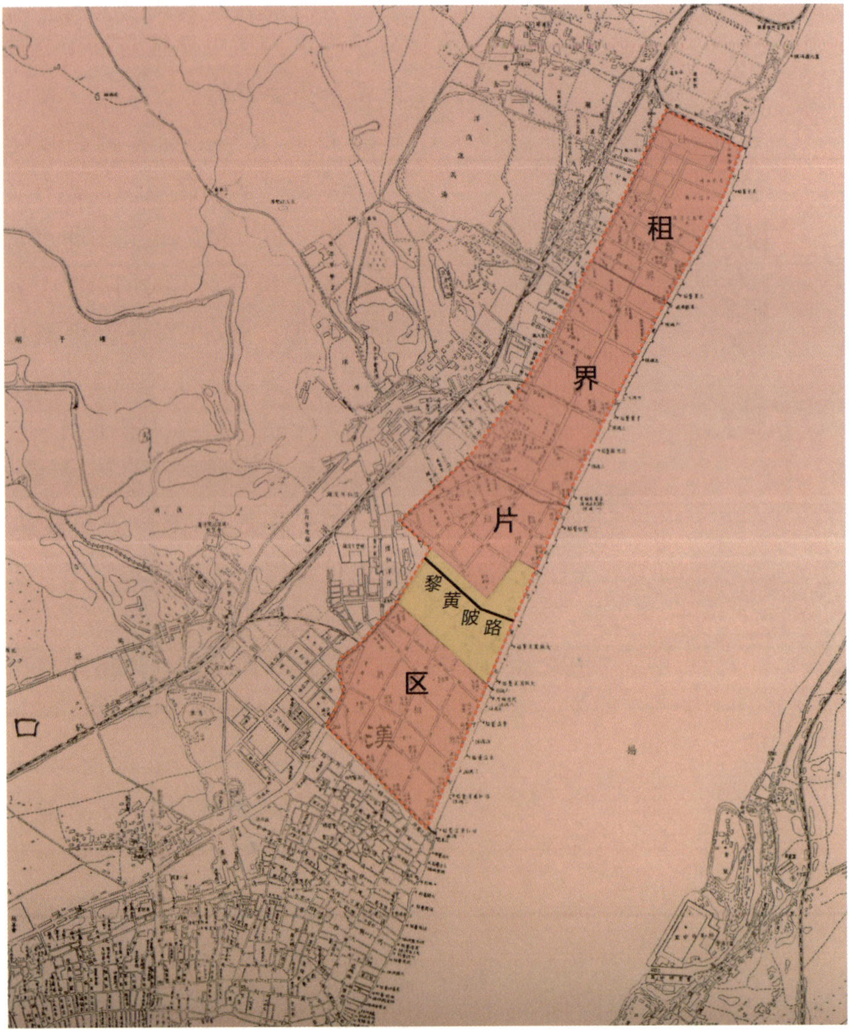

街区在汉口租界片区的位置示意图

街道

惠罗公司旧址

2. 老街布局

黎黄陂路所处的汉口租界区，整体上是沿着长江展开的街区形式，其“大道”（如沿江大道、中山大道）平行于长江，其街道（如黎黄陂路、江汉路）垂直于长江——这些都不同于汉口传统的汉正街依托汉水分布、空间更为自由生长的格局。

租界区作为“国中之国”，有它封闭与开放兼顾的空间特色。以黎黄陂路为例，它东南到沿江大道，西北到中山大道，全长 604 米，不大的空间范围却一头连接码头，通江达海，可以乘船直达纽约、汉堡，另一头靠近大智门火车站（原京汉铁路汉口终点站），连通中国内陆；而604米长的道路空间内几乎包含了构成城市的所有要素：行政建筑、住宅建筑、警察署、办公商务建筑、公馆别墅、工厂公司、银行洋行、学校教会，等等。

同时，租界区街区格局的变化也反映了当时中西文化的碰撞。租界区的布局是以“最方便的建设实施、最快速的利润反馈、最均质的空间分配”为原则的一种“商人式”规划布局，如黎黄陂路紧靠沿江大道的“左工厂”（俄国顺丰茶厂）“右银行”（华俄道胜银行）的格局，迥异于以武昌老城为代表的中国传统的所谓“左青龙、右白虎”的“文人式”布局。正是这种横平竖直的西方城市规划模式在汉口租界区的实施，最终取代了传统规划，成为新的武汉全域的规划主流。

华俄道胜银行旧址

俄巡捕房旧址

3. 建筑特色

总的来说，殖民者的财富和自尊体现在建筑层面而不是规划层面。黎黄陂路目前保留了17处租界时代遗留的欧式建筑，包括华俄道胜银行旧址、俄国巡捕房旧址、中华基督教信义大楼旧

美国海军青年会旧址

五花宾馆旧址

巴公房子之一

巴公房子之二

韶山二里之一

韶山二里之二

址、美国海军青年会旧址、裕兴洋行旧址、俄租界工部局旧址、高氏医院旧址、基督教青年会汉口会所旧址、顺丰洋行旧址、邦可花园旧址、惠罗公司旧址、巴公房子旧址、首善堂旧址、珞珈碑路高级住宅区旧址、五花宾馆旧址、日伪汉口放送局旧址、万国医院旧址。这些历史建筑大多建成于20世纪10年代和20世纪20年代，具有较高的历史研究和文物保存价值。

街区内的巴公房子是老汉口最大的一幢整体型公寓楼，1910年竣工，是巴洛克式与新古典主义完美融合的产物，也是俄租界的标志性建筑。巴公房子有“大巴公”和“小巴公”之分。楼高4层，地面3层，地下1层，从高空俯视整座大楼的平面呈锐角

黎黄陂路片区

三角形。大楼分两期修建，靠兰陵路一边的先完成，因其建筑面积较大，便被称为“大巴公”，靠黎黄陂路这边的后建，被称为“小巴公”。大、小巴公房子紧靠在一起，中部为三角形天井。整个大楼外观立面严谨对称，尺度宏伟，内部装修古朴典雅。如果说汉口租界区的形成推动了武汉城市建设史上一个空前的营造高峰，使汉口由原来的沿河发展，逐步形成沿江发展的城市格局，街道也由“街道划分建筑”向“建筑划分街道”的空间模式转变，那么巴公房子以及黎黄陂路的这一批老房子则集中体现了这些特点。

4. 保护建议

黎黄陂路老街位于汉口的中心地区，较为完整地保留了历史建筑的原貌，部分改造为咖啡馆、书店、画廊、艺术品店的建筑也体现出老街浓郁的艺术和人文气息；但同时老街保护与发展的矛盾也较为突出，老城区的交通拥堵、违章搭建、历史建筑缺乏修缮等问题尚待治理。

目前，学术界对于汉口租界区的研究仍然不足，特别是对黎黄陂路和国家文物局确定申遗的“茶叶之路”之间的关联性研究不足。另外，老街需要加强管理、规划引导，需要制定适用于原租界区的规划政策和制度，并加强宣传。

图文：
段　飞　同济大学建筑与城市规划学院博士
曹伟宁　华中科技大学建筑与城市规划学院规划师
蔡哲理　联创国际设计集团华中区域总部规划师
丁　援　湖北省文化厅古建筑保护中心总规划师

东林古村鸟瞰

广东雷州东林古村

1. 概况

东林古村，位于广东省雷州市南兴镇南渡河下游南岸，东望雷州湾，四周良田环绕。村落为世居林姓的血亲村落，村落始祖林翠夫是南宋进士，为抗元保国而殉难；这也是雷州第一解元（乡试第一名）、明永乐进士林文亨的家乡。

东林村始建于宋末，繁荣于明清，历史悠久。古村历代名人贤士辈出、文风鼎盛、经济繁荣，成为雷州历史上颇为有名的富贵双全文化村。

2. 古村布局

村内共计 16 条青石板巷，体系完整。最古老的仁里巷长约 155 米，建造于宋祥兴年间（1278—1279 年）；最长的横中巷长达四五百米，横贯整个村子；其他还有伟文巷、德里巷、中巷等，长百余米，宽 3 ～ 4 米，纵横连通整个古村，成为团块状，颇具防御固守态势。村东村

院落内部之一

院落内部之二

柱础之一

柱础之二

西各有一口古井，其他特色要素有石狗、石凳、武夫石、石鼓、石雕、碑刻等，古榕树 8 棵散布村中。

檐下细部

3. 建筑特色

东林古民居现存百余幢，规模宏大，集中反映了粤西雷州地区民居的建筑艺术和乡土地域特色。村内尚存4座明代建筑，其余大量古民居皆为清代至民国陆续修建。建筑都为红砖墙、灰瓦顶、双坡硬山造，不同时代的构造和装饰特色鲜明。明代古宅大多房屋稍矮，屋面坡斜较长，装饰简洁；清代以来建造的华居豪宅，石雕木刻尤为精致细腻，堪称绝品；清末随着西洋风格引入，建筑上出现曲线动感的涡卷、贴壁柱式，且民居大门前常有功名石鼓标志。

村内现有县级文物保护单位十余处，均为古民居宅第，如：司马第、大夫第、藩佐第、伟文第、文高第、操进第、相德第、桂庐第、春晖第、文庐第、敦仁第、恢履第、行矩第等。宗祠庙宇有：林氏宗祠、宪敏宗祠、端惠、醇直、秀圃、桂林轩、宪主庙、九龙坊土地庙、始祖公墓等。

在四合院一角矗立着一座4层碉楼（也称炮楼），雄踞一方，这是建于清末的“宪敏”公祠，是具有防卫功能的方形砖石结构建筑，最有趣的是碉楼外墙壁上的枪眼都采用英文字母装饰，极有特色，是雷州清末年间社会治安的见证。

“司马第”建于同治年间（1862—1874年），为二进合院，小巧精致，讲究格调，砖石木结

山墙

院墙装饰

构，围护墙体尤其坚固厚实，墙厚达 80 厘米，外墙枪眼布防严密，大门为石门框，有石鼓。“司马第”中还留存下一间由青石砌成的暗间银库，在库前狭门两侧设有枪口，戒备森严。

林嘉材故居“伟文第”总建筑面积约 5000 平方米，以客厅为中轴线，有前庭、中厅、后庭院、大厅堂等，每一进都有左右厢房围绕连接，极为气派。院内石雕、木刻、灰塑都十分精致，是光绪年间（1875—1908 年）粤西古民居建筑的典型代表。

民居

民居内部

“双桂里”碉楼

桂庐第

清末富商林子梁故宅，有居室三进，屋内雕梁画栋，以中厅和主房檐下屏板木雕最为精美，有《群芳谱》《百兽图》，还有《水浒传》中108位好汉，神态各异，栩栩如生。

清末民初建成的“桂庐第”，借鉴西洋建筑装饰艺术，外墙的窗楣线脚采用砖叠涩做法，层层迭出，立体感强，院内拱券廊檐曲线饱满、旋木栏杆技艺娴熟，是典型的近代中西合璧民居建筑。

4. 保护建议

村内现存相对完整的古建筑逾20000平方米，其中超过三分之一的古民居已成弃置危房，就连极度精美的林子梁故居也破烂不堪，门窗无存，多处木雕被偷，

寓意丰富的山墙装饰与巷道

壁画褪色。村内现有住户450余户，人均居住建筑面积约25平方米，水电设备已俱，每户也有基本厨卫设施，村中近年增设了公共卫生设施。由于青年劳动力外出打工成为普遍现象，村内多为留守的老人、妇女、儿童，生活氛围尚好，但活力不足。

因此，一方面亟须对古民居建筑群实施保护修缮工程，并将村落周边环境纳入控制，防止新建房屋对古村风貌的损害；另一方面，要加强对村民从事农副产业和传统工艺的引导扶持，为村庄发展注入新的活力，防止“空心村”现象。

图文：
袁　菲　葛　亮　同济大学国家历史文化名城研究中心

潮溪村建筑局部

广东雷州潮溪古村

1. 概况

潮溪古村位于广东省雷州市龙门镇，北距雷州市区约 20 千米，南距龙门镇约 4 千米。潮溪村，初名陶溪村，为陈氏世居的血缘村落，始建于明崇祯年间（1628—1644 年），至今已有近 400 年的历史。据史载，该村清代以降官宦辈出，半数人家皆为富商大贾、书香门第，清末民国期间更成为闻名雷州半岛的富贵双全村，故宅园营建尤盛，集聚了大量建造精良的华宅府第。

2. 古村布局

雷州半岛位于南海边陲，海岸线长，明清时期受海盗、倭寇侵扰严重。潮溪村作为闻名的富贵村，不仅顺应风水精心布局，而且重视防御空间的营造。村落北踞山岭，东、西、北地势略高，溪流环绕，汇聚于村南池塘。环村建有厚达半米、高约 3 米的夯土围墙，沿着围墙密植莿竹，人畜难以靠近（如今皆已毁失），

民居宅第中的侧庭院

山墙上的排气孔

琉璃花砖漏窗及窗框彩绘

檐下灰塑与彩绘

村围的东、西、南设3处闸门楼。村内多个富贵宅第建有坚固、高耸的碉楼（也称炮楼），最多时共有9座，今存6座。

村落占地约10公顷，村南有古井两口，村东和村西的古榕树茂密成林。村庄的民居建筑布局集中而齐整，全部坐西北朝东南，6条大巷以中间巷为中，约30米间距平行分布。巷道南北贯长约300米，宽2～4米，地面以青石白沙铺就。对外封闭型的民居院落整齐地排布在巷道两侧，呈现出高墙窄巷、外观相近的空间特征，令外来人难辨方位，具有极强的迷惑性。

3. 建筑特色

潮溪村的民居，大多由主院和侧院护厝组成。主院的布局模式大致相同，以主屋居中，左右厢房和照壁（或下房）围合成方正的院落，多个院落整齐拼联、顺次排列。屋面为双坡灰瓦硬山顶，外墙为清水

主巷道

檐下的木格屏风

红砖砌筑；墙头多用石灰、贝灰、海泥等敷抹，历经风雨剥蚀而略呈黛黑；房屋山墙造型尤其丰富，墙头、檐下和门罩部位的灰塑、彩绘格外精美。

院内的主屋大多三开间，正中厅堂，左右偏房用作卧室；主院两侧的厢房与偏房对应，以厅堂前的走廊相隔；走廊两头与侧院相通，侧院天井和护厝的格局根据主人需要和用地情况各不相同，有单护厝、双护厝，或者凹字形的围护厝（当地人把这类附属的偏院屋舍称为“包簾”）；更大型的宅第还增设跑马楼和碉楼，构成复杂多变的多院落格局。

民居大门一般都开在院落西侧，大门外就是巷道。大门为凹斗形，上方常建有门屋，外墙面的门额上悬题宅名，门头及檐下多用灰塑和彩绘装饰。大门内部一般为二层，下部是出入的门洞，上层建有储物的阁楼。

富德第碉楼

富德第外墙灰塑和金鱼排水孔

村内原有豪宅大院80余幢，如今保存较好、具有突出代表性的民居仅十余幢，如规模恢宏的“司马第”，装饰繁复、壁垒坚固的“朝议第”，院落空间组合复杂的“明经第”，波浪山墙的“分州第”，雕饰精美的“德晖第”，碉楼高耸的“富德第”，小巧可人的“鹾尹第”等。

建于清光绪年间（1875—1908年）的“朝议第”，坐落于中间巷，占地约700平方米，现保存完整。高大的门楼和豪华的正厅上雕饰细腻，正堂上额木格屏风巧妙嵌入“福、禄、寿”字，宽绰的庭院前是装饰华美的照壁，红砖甬道铺设的游廊曲折勾连重重院落，炮楼上有炮孔枪眼，防卫齐全，易守难攻。

建于清嘉庆年间（1796—1820年）的“德晖第”，位于西边巷道，是村里现存建造较早的古宅，门楼上是雕空玲珑木板，厅堂壁端彩绘壁画精美，绘有“流云百蝠”“翎毛花卉”“喜鹊红梅”“鱼跃清波”“禽鸟歌唱”“金鱼戏水”等山水鸟兽和奇花异草，犹如一幅幅长

朝议第门头

朝议第客厅的土行山墙

朝议第宽敞的主庭院

朝议第门屋和炮楼

内壁顶端的彩画

分州第的波浪形山墙

高大的门楼

卷展开于壁檐，映衬得室内格外生动明快。

“分州第”建于清同治年间（1862—1874年），占地约570平方米，建有大门楼、二门楼、正厅、包簾等，格局完备，集木雕、灰雕、陶雕、彩画等建筑装饰于一体，丰姿多彩。

茅草屋与红砖房

4. 保护建议

潮溪村现有100多住户近千人口，但青壮年外出打工者甚多，村内多为老人、妇女、儿童，村庄发展缺乏活力。超过半数的古民居弃置荒废，墙体逐渐坍塌，保存较好的宅第也因年久失修而持续衰败，精美的雕饰和灰塑逐年剥蚀，墙檐壁画渐趋褪色。

当前亟待对古民居建筑群着手修缮，对村庄整体格局实施保护，将古村周边环境纳入控制，防止新建设对历史风貌的损害。此外，应加强对村民农副产业和传统工艺的引导扶持，为村庄发展注入新的活力。

图文：
袁　菲　上海同济城市规划设计研究院

南园古村逢年过节的喜庆街景

广东河源南园古村

1. 概况

南园古村位于广东省河源市东源县仙塘镇红光村，距河源市 12 千米，与东源县城相连。古村背倚碣研山，南傍东江水，呈山水环抱之势。该地水陆交通便利，南接东江航道，可直达珠江口水域，周边有京九铁路、205 国道、粤赣高速公路、河梅高速公路经过。

南园古村是以潘姓为主的血缘型村落，村落最初名为“潘家围”。据《潘氏族谱》记载，明末清初，潘氏家族为躲避战乱由北南下至此，广置田园并安居乐业，分别于乾隆年间（1736—1795 年）和光绪初年建成老、新衙门。在这古韵盎然的村落里，孕育了独具特色的传统文化，如元宵节前后闹花灯的风俗。届时，村人抬着花灯出来巡游，队伍前有锣鼓开路，后有舞狮等，前往祠堂，热闹非凡。除此以外，民间还流行许多民间小调，有劝世歌、行业歌、耍歌、逞歌、虚玄歌、拉翻歌、谜语歌和猜调、小调、竹板歌等，千百年来久唱不衰，广为当地人传诵。

府第式老宅鸟瞰

2. 古村布局

南园古村现存传统建筑面积10600平方米，包括客家围龙屋、府第式住宅、雕楼、商宅、宫庙等36座，其中以三进式府第式民居为主，其建成年代为明朝万历至清朝同治年间。

长地塘、老楼村、新楼村、新老衙门、柳溪书院、大夫第、古炮台遗址为南园古村的主要保护区域。南园古村的中心位置是新楼村半圆形客家围龙屋，屋前置有风水塘和风水树。新楼村东侧为长地塘建筑群；新楼村西南侧为老楼村；老楼村西南侧为大夫第和柳溪书院；老楼村西侧为新、老衙门和古炮台遗址。古村防御系统完备，南有东江作护，以江为池，以山为郭；炮楼高筑，炮楼与衙门以地道相连，使该地易守难攻。围龙屋成片分布，小屋住二三十户，大屋可达百

厢房室内布景

府第式老宅入院斗门

府第式住宅厢房鸟瞰

老楼村入口

老楼村内院

长地塘外围

长地塘入口

长地塘正厅

长地塘内院祖祠

长地塘雕花防盗门

长地塘内巷之一

长地塘内巷之二

长地塘内巷之三

新楼村旁奉政第

新楼村民居

新楼村风水塘

新楼村内巷之一

新楼村内巷之二

新楼村围龙屋

新楼村围龙屋内巷

南园古村保护建筑示意图

户，户与户之间房檐相连，走廊相通，不出门便可走遍每家每户，单家独居者甚少。正门外由围墙围起，一侧设有斗门，百姓均由斗门出入，起到防盗和御倭的功能。

民居讲究风水布局，主次分明，每座建筑都有厅、房、天井、走廊等，必要时通过增设半月形花台、修建池塘或者斗门来调整房屋坐向，以达到阴阳平衡、天人合一。受客家人宗族伦理观念影响，围龙屋按辈分高低及尊卑来分配房间，官员、商贾多住青砖砌成的府第式围龙屋，而平民百姓住的则是泥砖砌成的较矮小的围龙屋。

3. 建筑特色

南园古村落建筑群古朴灵秀，以三进式府第建筑和客家围龙屋最能体现该地传统地方建筑的特色。

（1）老衙门。老衙门建于清乾隆年间（1736—1795 年），距今已有 250 多年，为潘氏十二世潘世拔所建。因其带公务返乡，乾隆准许他在老家设置衙门，便留下了罕见的村中衙门。衙门为三进式府第建筑，建筑面积达 2000 平方米，共有 40 间房、12 个天井、11 个厅、2 条巷。老衙门由斗门进入，斗门与围墙相连。主体分上、中、前厅，左右巷及两边的厢房左右对称，两列厢房尾部则向横向伸展，形成一个密实的整体。由斗门进入的左侧房屋是“点灯房”，由值班衙差看护，斗门上面有层阁楼，其向外的墙面有一四方空心窗户，便于衙差随时了解外界情况。

（2）新衙门。新衙门与老衙门并列，位于老衙门的南面，建于清光绪年间（1875—1908 年），距今已 130 多年，为潘氏十五世潘宝忠所建，建筑形式也是三进式府第建筑，建筑面积（包括两座炮楼）4300 平方米，有 15 个厅、26 个天井、64 间房。

（3）炮台。炮台共有两座，为新衙门的附属部分，与新衙门建

老衙门 入口

老衙门内巷之一

老衙门内巷之二

新衔门入口

新衔门内院

新衔门外院

新衔门内的奉政大夫第

新衔门花窗

古炮台

炮台通至老衔门入口

柳溪书院旁大夫第围屋

柳溪书院

柳溪书院入口

于同一时期，分别处于新衙门的东北角和西南角土坡。由于年久失修，炮楼仅剩一道外墙，高约5米，厚度达0.8米，俗称“粽墙”。炮台内设有地道，与衙门相连。

（4）大夫第。大夫第建于清同治元年（1862年），为潘氏十五世潘郁文所建，同为三进式府第住宅，建筑面积1200平方米，仅设左巷和左厢房，右巷和右厢房因土地归属问题无法建起。设计者一反常规，将正面门楼直接与围墙相连；其左巷也别具匠心，位于两座建筑中间，三面高墙耸立，中间辟出幽深小径，低头见台阶层层递增，抬头只见青天白云，人称“青云巷”。

（5）柳溪书院。柳溪书院建于清道光元年（1821年），是潘存谦、潘应芳、潘应杨3人所造。因书院外有一溪流，柳树成荫，故称“柳溪书院”。柳溪书院建筑面积400平方米，书院不同于一般坐北朝南的建筑布局，使正门朝东，寓意紫气东来。

（6）长地塘。建于清乾隆十七年（1752年），为典型的三进式府第住宅，内含厅堂15个、房间48个、天井14个，此外还设有书房、阁楼、厨房、澡堂、花台以及玉楼阁。该处有些住户至今设有古式的雕花防盗门。

4. 保护建议

南园古村中的三进式府第建筑保存完好，其中，大夫第仍存放着许多雕工精美的石柱。为保护客家民居古建筑群，应坚持“保护为主、谨慎开发、杜绝破坏”的原则，推广客家文化与当地民俗文化，有效保护和抢救古村落的文化遗产。

图文：
赵苒婷　华中科技大学建筑城市规划学院本科生
参与调研人员：
桂宇晖　赵　逵　杜　海　周昕睿　蒋祉恒

八路军豫北办事处旧址

河南林州任村古镇

1. 概况

任村古镇位于河南省林州市，西依太行山，漳河流经全镇，石质山地构成地形主体。它的地理位置非常特殊，位于豫晋冀三省交界——西邻能源大省山西，北与河北涉县隔河相望，居于河南的最北端，素有“鸡鸣闻三省”之称，历史上，交通、贸易与战略地位均十分显著。

河南红色纪念物众多，任村镇处于三省交界的要塞，是西通左权县麻田、东达内黄县井店（冀鲁豫边区机关驻地）的地下交通线联络站。20世纪40年代，“林北县抗日民主政府”设于昊天观；“八路军豫北办事处旧址”题款为原红旗渠项目总负责人杨贵所书。货栈“宏盛昌”“复兴成”均曾为八路军的物资供应提供了保障。在抗日战争和解放战争时期，刘少奇、陈毅、邓小平等老一辈无产阶级革命家都在这里留下了足迹，任村镇为解放事业做出了特殊的贡献。

林县水利建设示意图
河北省
山西省
安阳县
鹤壁市
辉县
淇县
汲县
图例
省界
县界
河流
渠道
小水库
水电站
渡槽
隧道
拦河坝
任村
林县城
⑴红旗渠源
⑵青年洞
⑶空心坝
⑷南谷洞水库
⑸红旗渠分水闸
⑹分水岭水电站
⑺曙光扬水站
⑻曙光洞
⑼曙光渡槽
⑽夺丰渡槽
⑾桃园渡桥
⑿红英汇流
⒀红英汇流水电站
⒁弓上水库
⒂要街水库

林县水利建设示意图

流经任村的红旗渠

新中国成立后，据《林县志》记载，林县长期严重缺水，在1955年林县水利建设的调查中，任村乡桑耳庄和河顺乡马家山两村劈山修渠解决了人畜用水问题，成为典型。任村镇民间水利建设成为一个契机，终于促成了从1960年开始长达10年的红旗渠建设。“人工天河”红旗渠在国际上被誉为“世界第八大奇迹”，现已成为红色教育基地和全国重点文物保护单位。红旗渠竣工后，总干渠流经任村镇全镇，向北5千米可至红旗渠分水枢纽工程，红旗渠的咽喉工程青年洞也在任村镇境内，距任村镇15千米。由于当时技术条件所限以及其他原因，红旗渠目前多有塌废，但任村镇段的渠道背依防风林，维护良好，周围自然风景优美，至今仍为新农村建设发挥着积极的作用。

2. 古村布局

据《任村志》记载，明正德十一年（1516年）任村镇发展为集市，因其枢纽位置成为商贾云集的物资集散地。目前存一条明清老街，青石铺路，全长超过500米，民居、店铺排列在古街两旁，建筑土、砖、石、木并举，入口檐廊重点突出。“翰林府”“进士第”“西门券楼”等组成了重点建筑群落，街道两旁古建筑大多为清道光至同治年间（1821—1874年），曾任两湖

民居入口之一

民居入口之二

进士街

门头

地方高官的张、魏两家所建，故该街也被称为进士街。重要建筑中轴对称、主从有序，特别是门楣题款、墀头等细节均彰显了深厚的文化底蕴，石刻书法精美，再现了张家书法威震京津的传统。

昊天观外立面

昊天观拜殿

3. 建筑特色

任村镇公共建筑类型丰富，存昊天观、泰山庙、桑耳庄药王庙等古建筑群。昊天观位于任村西北，别名北庙，是一处供奉祭祀玉皇大帝的道教活动场所，至

昊天观玉皇殿

昊天观玉皇殿梁架

今整体环境仍较为完整，为河南省文物保护单位，其前有月池古柏，内有戏台、拜殿、玉皇殿、龙母殿等遗存。两进院落，拜殿与玉皇殿均为三开间、歇山顶、斗拱粗犷，拜殿石雕蟠龙柱雕刻精湛有力。该庙始建于明初，清道光十年（1830年）因大地震，多数殿堂倒塌，现存的戏楼、拜殿、玉皇殿三大建筑皆为清道光十一年（1831年）重修，庙内石碑忠实记录了该段历史。

西门券楼位于进士街西段村头，创建于明天启元年（1621年），券门深10米，洞高、宽相等，均为3米左右，延续了山西拱券的常规做法。门上刻有兽面浮雕，券内镌刻“二龙戏珠”，侧有青石台阶可上二楼庙宇。券楼上龙形石雕据称与明万历二十四年（1596年）神宗长女荣昌公主下嫁杨耳庄驸马都尉杨春元有关，小小村落的“龙雕”形成了独具特色的高等级装饰。

4. 保护建议

2008年任村镇被评定为第三批河南省历史文化名镇，但它的价值尚未被深刻理解。任村镇不仅拥有成规模、高质量的明清传统聚落，而且红色文物也颇为完整，红旗渠总干渠流经任村镇，古镇又成为自力更生的历史坐标点。任村镇这种交通位置显著、跨区域交融性强、文化遗产时间跨度大、发展谱系完整、类型丰富多样的古镇在中国较为罕见，故有深入研究、重点保护的必要。目前，古镇缺乏合理的保护规划，古建筑利用不佳，古村落空心化日益严重，多层面的文化遗产宣传与展示工作亟待加强。此外，从任村镇的传统建筑群来看，石匠技艺高超，特等劳模任羊成等人展现了优秀的民间营造智慧，曾在全面建设社会主义时期发挥出作用。遗憾的是，“石匠之乡”的社会与经济效益今天却没有显现。

图文：
薛　岩　同济大学建筑与城市规划学院研究生
朱晓明　同济大学建筑与城市规划学院副教授

古镇炮楼

河南禹州神垕古镇

1. 概况

神垕古镇位于河南省禹州市西南 17 千米，处伏牛山余脉间典型的中原浅山丘陵区，旧时界禹、郏、汝三县之间。自夏商先民始从事农耕和冶陶，北宋设钧官窑于此而有“钧都”之誉，是黄河流域陶瓷文明的发源地和找国北方著名的陶瓷之乡。其地名中的“垕”字，便是因钧瓷之美而受古代帝王 4 次皇封而来的。唐、宋、元、明、清千余年来村庄连片、成街设镇，几经社会更迭至今仍盛产以钧瓷为代表的各种陶瓷，是中原地区活着的瓷文化古镇。

2. 古镇布局

在群山夹一凹的地势中，神垕七里长街伴着肖河冲沟蜿蜒伸展，路面青石板铺就，两侧店铺林立错落，民居依地势逐渐升高，炮楼矗立，窄巷勾连。加上清末豫中社会动荡，民间自发集资沿着老街一线自西向东依山就势兴建了五座首尾相连的石寨

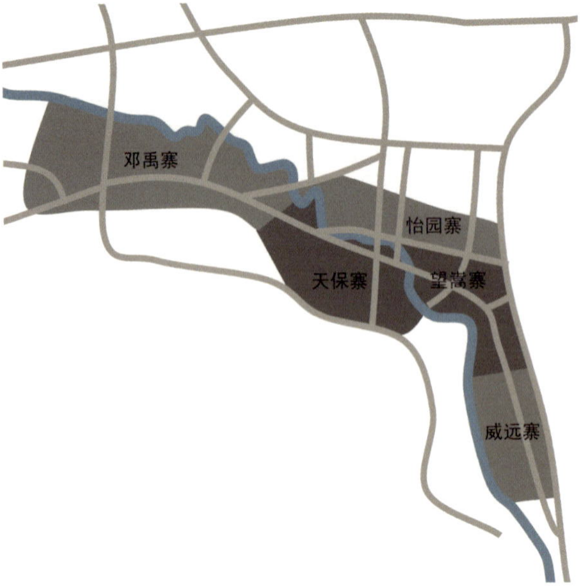

聚落格局图

堡，既阻山洪，又防匪患。新中国成立后陆续拆除，今存天保、望嵩两寨局部寨墙、寨门、寨名石刻。

古镇依托山地自然坡度高差的聚落营造，构成“山环水过、街河一线、串联五寨”的特色格局和“长街窄巷、拐弯胡同、起伏有致”的街巷体系，呈现出山地古镇特有的竖向景观。

神垕自唐宋始为瓷窑业汇聚地，至明清达到“烟火遮天、日进斗金”的繁荣市面，街镇建设呈现“地狭人稠、窄院套进”的

石寨堡

东大街

传统营造的当地民居

密集布局特征，尤以东大街段商号最为密集，均呈“沿街对布、前低后高”的建造模式。每个商号都是高门台、筒子房，三开间的多进院纵深相套；临街门面，做生意，搞经营；中间住人，是生活起居场所；后边作坊，建窑，烧瓷器，即“前店中住后坊”，是集生产、生活、交易功能于一体的“三合一”宅院，生动反映出传统瓷业经济下的典型社会单元的构成模式。如今遍布古镇大小形态各异的窑口、高耸林立的烟囱；无处不在的“笼盔”，或用作构筑围墙或置于墙头檐下，皆为建筑与地域风地物产和社会经济紧密联系的产物，构成了瓷业市镇独特的风貌景观。

充分利用本地原生态材料的墙体构造

3. 建筑特色

由于神垕地处禹、郏、汝三县交界，是传统物资生产和贸易交流的汇集地，故而其乡土建筑在豫中本土文化的浸润下，呈现出四方杂糅的建造技艺及审美意趣。这里既有晋陕风格的多进窄院、独立式窑洞，或下拱上房的重楼建筑，也有山区风貌的石砌房屋，还有豫南特色的檐廊木构架等。

院落剖面图

新中国瓷厂

瓷厂内部

传统建筑充分利用本地原生态材料，如：本地山石、少量红石（来自邻近的平顶山地区）、本地烧制的砖瓦、土坯砖、废旧笼盔和少量木材等。虽无甚考究，却充分发挥了乡土砖石土木材料吸湿排潮、保温隔热等生态特性，且在材料组合和构筑技法上匠心独运、经济合宜，如“砖包边”“坯填心”的墙体构造，还有变废为宝的“笼盔墙”，于朴素实用中呈现别样的景致。而建筑内部构造则普遍沿用“叉手蜀柱无托脚的三角形梁架”和“借力原木之形不加修饰的四椽栿”等极具古风的构造手法，凸

墀头

年久待修的古屋

显出中州腹地建筑营造的“师古性”特征。

4. 保护建议

神垕古镇作为北宋钧官窑发源地和唯一产地，传统窑烧制瓷业几经兴废、延续至今。现存集中成片的传统聚落近百公顷，古商街蜿蜒逾千米，古宅院沿街对布，古寨堡望楼迭出，千年银杏，唐、宋、元、明、清古钧窑遗址，窑神庙，新中国四大瓷厂，“文革请示台”等多元历史遗存各具特色，是豫中地区少有的保存完整、风貌延续、传统产业继承发展、钧瓷文化独树一帜的历史古镇。

随着社会生活变迁，镇内众多古屋年久待修，日益涌现的新建房屋对历史风貌的蚕食也与日俱增，当前亟待着手开展保护性修缮和风貌环境整治工作，更应全面认知古镇整体价值与多元文化特色，通过对乡土特色的敏锐捕捉、辨析和真实细腻的修护、呈现，维系古镇相对稳定的社区氛围，实现古镇的永续发展。

图文：
袁　菲　葛　亮　上海同济城市规划设计研究院

凤凰古镇民居

陕西商洛凤凰古镇

1. 概况

凤凰古镇，也称凤镇，位于陕西省商洛市柞水县东南部，距县城45千米，镇内交通便利，洛柞二级公路纵贯东西，宽凤、皂凤四级公路横连南北。全镇面积163平方千米。据《柞水县志》记载，凤凰镇始建于唐武德七年（624年），有近1400年历史。凤凰镇在唐代就有集市；清顺治年间（1644—1661年）颁布的“迁海命令”让大批濒海居民迁入陕南地区，山东、浙江、广东等地的商人来到凤凰镇经商并定居；清末民初，各类商埠字号、店铺钱庄遍布街巷，凤凰镇逐渐成为秦岭以南连接长江水系和黄河水系的重要商贸集镇。

凤凰镇有不少非物质文化遗产，比如，汉调二簧、渔鼓演唱，目前已被列入省级非物质文化遗产名录。凤凰镇的灯会流传至今已有千年历史；镇上作坊制酒、家家自酿美酒交相辉映。

主街之一

主街之二

2. 古镇布局

大山、街巷和河流共同构成了凤凰镇的空间格局。古镇三面环山，社川河、皂河、水滴沟三水交汇于此，社川河自西向东确定了古镇的空间走向。镇上的主街宽约 5 米，沿河蜿蜒曲折呈“S”形，长约 1200 米，路面用青石板铺就，各类商业、居住及交往的空间沿街展开，街面房屋也由西向东呈阶梯形；巷道垂直主街布置，有马鞍巷、陈家巷、水巷等，宽约 1 ～ 2 米；主街和支巷共同构成了小镇的骨架。

建筑内院之一

建筑内院之二

3. 建筑特色

老街两旁的建筑用块石砌基，青砖砌墙，前店后宅式，前面为有土漆木板门的店铺，后院为住宅或作坊，“四水归堂”的院落解决了建筑采光和排水问题；户与户之间由马头式防火墙隔开，屋顶用人字形屋檐覆滴水瓦，花墙飞檐；建筑主体装饰丰富，门窗上多有二龙戏珠、龙凤呈祥、麒麟送子等图案及“福、禄、寿、喜”字样，屋脊和两侧都雕饰以莲花、梅花等。主街上的民居建筑，有142座保存完好，

百年老字号长盛祥

盛发客栈

茹聚兴饭庄

多建于清代至民国，2003 年 9 月被列为陕西省人民政府公布的第四批重点文物保护单位。其中，最具代表的有“古钱庄”“茹聚兴饭庄”“孟占先绸庄”“康家三房院”“盛发客栈”等。这些建筑的兴建者多为明清时期湖北、安徽等地移民的后裔，故其建筑风格继承了江汉古民居特色，又被史学家称为具有秦风楚韵的“江汉古镇活化石”。

此外，古镇上的二郎庙遗址是明代重要历史文物，遗址尚存；古镇周边还有 12 座石垒古寨和 26 座庙宇，具有代表性的佛教百神寺，始建于元代，复修于清代，已列为柞水县文物保护单位。

4. 保护建议

目前，凤凰镇已有《凤凰镇古民居保护规划》和《祚水县凤凰古街保护利用规划》等，核心保护区面积有1平方千米，成立了"凤凰古镇保护建设委员会"，并制定了《凤凰古镇保护管理办法》。但是，凤凰镇依然还存在河道污染严重、村民保护意识薄弱、旅游带来的负面影响等问题，亟待改善环境，增强村民的保护意识。

图文：

龚 羹 广州市珠江外资建筑设计院有限公司建筑师

古商道

陕西安康后柳古镇

1. 概况

后柳古镇坐落于陕西省石泉县南部汉江与中坝河交汇处，北距县城约 20 千米。旧时发达的水运造就了这座千年商埠，也成就了汉江沿岸著名的水码头。陕南地区盛产茶叶、木耳，丰富的土特产从这座水码头运往全国各地，四川、湖南、湖北等地的商人也在老街上建商铺，做买卖，中转各种商业物资。传统建筑多临江而建，店铺鳞次栉比，形成一条长约 200 米的古商道。20 世纪末，随着石熨公路、石紫公路的通车，这座连接陕南和川北的千年商埠喧嚣散去，归于平静。

后柳古镇曾发掘出新石器时代遗址，位于后柳下街的八亩田出土过大量的石器和石斧，可见古镇早有先民繁衍生息，历史久远，文化底蕴深厚。20 世纪，从汉江沿岸的元滩子到黑沟河口，柳树成荫，故有前柳溪和后柳溪之称。历史上这片

景色宜人的后柳古镇

土地曾盛产桐油，居民修建多处油坊，“油坊坎”的别称由此而来。清代称后柳溪，隶属怀柔里所辖。新中国成立后，命名为后柳乡，此后，后柳的名字一直沿用至今。

后柳古镇选址于河流阶地之上，东南部被汉江和中坝河交汇环抱，便于取水及农业耕作，而旧时发达的水运使地方经济繁荣兴盛。古镇坐北朝南，负阴抱阳，随坡就势。西北高、东南低，高差48米，三面坡向水面，空间丰富灵动。江面宽度上百米，涨落度5米左右。古镇山环水绕、茂林修竹、景色宜人，有后柳半岛之称，独具浓郁的水乡风情。

后柳古渡是古时汉江重要的水上交通驿站，江面上商船往来，一派繁忙景象。从新石器遗址的发掘，到千年古刹石佛寺和火神庙建筑遗址可以推断，早在明代以前后柳古镇已远近闻名。明清时期，10余家桐油坊临江而建，每日数十吨桐油通过水路运往四川、湖北等地。盛装桐油需要大量器皿，后柳居民便就地取材，利用满山竹林编制出精美的竹篓，也发展了种类多样的竹编制品。如今，曾经繁荣的水运由陆运取代，当年后柳古镇商贾汇集的繁华景象已不再有，但秀丽的山水环境和广袤的竹林、柳岸仍是后柳的景观特色。“男人

临江古民居

下田，女人摆摊”的习俗在这座千年商埠流传至今。

2. 古镇布局

古镇坐落的阶地是汉江冲刷出来的一片扇形地带。镇里原有四条街，分别是上街、横街、下街和草街。草街位于古镇南部，地势最低，新中国成立前被洪水冲毁，街道也不复存在。余下的3条主街形成“Y”字形，全长318米，街宽3米左右。后柳码头作为古时汉江沿岸重要的渡口，位于古镇东南端汉江和中坝河的交汇水域。后柳古街始于古码头，由南向北延伸，曲折狭长，全部由青石板铺筑。历史上，古街商贾林立、繁荣兴盛，沿老街两侧老字号的旅店、饭馆和药铺鳞次栉比，民居建筑呈阶梯状依地势高低布局。火神庙、中国人民银行旧址、千年屋包树等历史建筑坐落其中，步步成景。古镇文脉轴线便从码头开始，由古街延伸而上，向北连接新建的后柳镇区。

山脉、文脉、人脉水乳交融，浑然天成，形成后柳镇独特的人文生态格局。承载千年文化的汉江和丽景天成的中坝河像后柳的飘带穿镇而过，赋予古镇天水一色的灵气，蜿蜒曲折的岸线渲染着古镇浓郁的码头文化和宁静安详的田园气息。

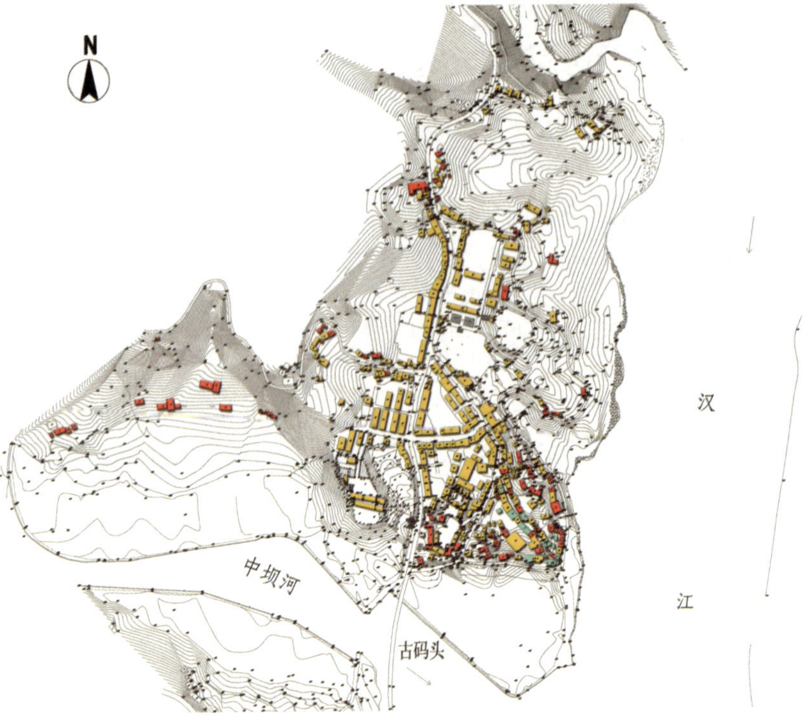

后柳古镇现状格局图

汉江木舟

古镇街巷

建于 1954 年的中国人民银行旧址

后柳老街之一

后柳老街之二

老街建筑

古镇民居之一

古镇民居之二

3. 建筑特色

后柳古镇的“Y”形主街道周围分布着树枝状的路径，连通到各家各户。民居院落有建筑单体与围墙围合形成的一进院落，也有少量三合院式的。三合院坐北朝南，中轴对称，由3座建筑物围合而成，以堂屋为中心，天井居中。堂屋是长辈居住的正房，两侧厢房由晚辈居住，另有耳房可作厨房或其他杂用。

后柳古建筑多是清末民初时建成，当时全镇民居100余户，商业门类一应俱全，有铁铺、染坊、面坊、药铺、油坊、酒坊等。沿街店铺一至二层，为适于经营，一层以条形木板排列为门墙，便于开合；二层建有阁楼，作为居住空间使用；也有前店后坊的布局形式。民居建筑均为坡屋顶，翘龙凤角，造型精巧。山墙富有变化，马头封火，错落有致。建筑色彩淡雅简洁，具有陕南传统建筑风格特点。民居内部的木质结构由屋架、穿枋、柱头、椽子、檩子、骑筒、木板等部分组成，封火墙部分使用青砖土坯，木结构以当地椿木、樟木等为材。建筑屋顶双檐出挑，出檐较宽，遮风挡雨，满足商业经营的需要。房屋背后临百米宽江面，依地形多建有吊脚楼，居高远望，江上风景一览无余。吊脚楼由大石块砌台，形成平面空间，立木柱，架横木铺木板，再加设栏杆，建造屋顶。吊脚楼下多用作生活辅助空间，如厨房、厕所或牲畜圈舍。

4. 保护建议

蜿蜒秀美的汉江水造就了古镇两岸灵动奇丽的地域风貌，后柳因水而兴，码头文化浓郁，是体验陕南水乡风情，展示汉水民俗文化和桑蚕文化的珍贵实物。保护建议：（1）保护古镇山水田一体的景观空间格局，整体性保护后柳古渡和后柳古集镇，保护古镇街巷的传统肌理。（2）挖掘地域历史文化内涵，保持古镇特色。古镇中的八亩田新石器时代遗址、中国人民银行旧址和抗战名将王范堂故居等文物保护单位是历史信息的重要载体，应对其进行原真性保护。（3）严格控制古镇的规模，通过绿地等空间分隔古镇与新建镇区，协调新旧之间的风貌与功能关系。（4）沿汉江和中坝河水体严格控制建筑退让，保证滨水绿地的规模。沿江两岸广植柳树、竹子等当地树种，营建“万条垂下绿丝绦”的原生态滨水空间。（5）大力发展当地经济作物和养殖业的资源优势，鼓励蚕桑、杜仲、黄姜、天麻等种植，发扬竹编、棕编等当地特色手工艺产业，提高古镇居民经济收入。（6）王范堂是著名爱国英雄，其故居可供后人瞻仰，发展中小学德育基地，培育爱国主义情怀。

图文：
杨　眉　西安交通大学副教授
张伏虎　西安交通大学教授
曹象明　西安交通大学副教授

城关村鸟瞰

陕西汉中城关古村

1. 概况

城关古村位于陕西省汉中市留坝县，北靠秦岭，南倚巴山，汉江自西向东穿流而过。据《留坝县志》记载，“留坝”一词最早出自东汉末年汉中王张鲁修造的张良庙。城关村旧时被称为“安山驿”，是贯通秦蜀的连云古栈道上的重镇，商旅往来频繁，农商经济发达。乾隆二十九年（1764 年）清政府在此设置留坝厅，嘉庆五年（1800 年）修造城池，筑以土城，城高 2 丈（约 6.7 米），周长约 1.5 千米，城关村便坐落在城池的东门外。民国二年（1913 年）留坝废厅设县。如今，留坝厅故城除了城墙残垣和省级文物保护单位的石碑，只有城关村的建筑和街道，还能呈现出一些当年的景象。城关村是留坝厅故城的一部分，留住这个村落，便是留住了这座故城的些许记忆。

2019 年，城关古村被列入第五批中国传统村落名录。

留坝老街建筑鸟瞰

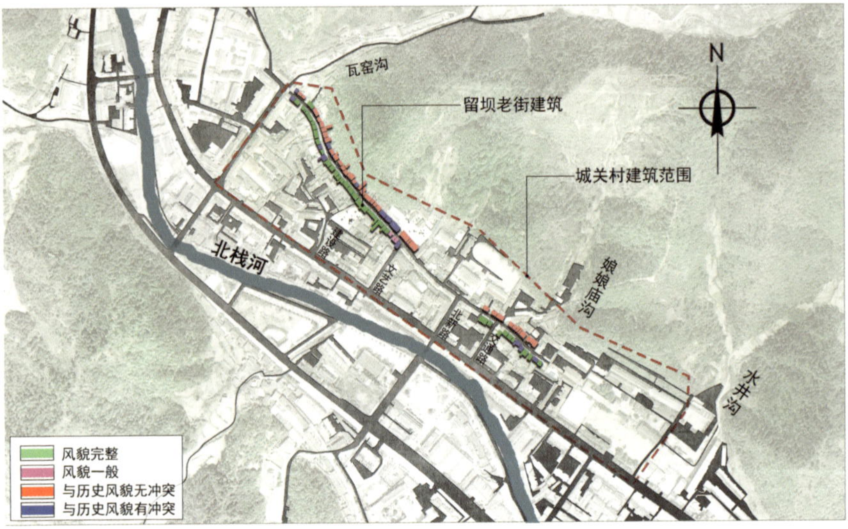

留坝老街风貌分析图

2. 古村布局

城关古村沿老鸦山山脚展开，由高到低，蜿蜒而下，其走向与连云古栈道基本一致。村落位于两山夹一川之地，东西长南北短，背山面水，北栈河穿村而过。城关村位于留坝厅故城遗址之上，留坝老街位于村落西北角，瓦窑沟与娘娘庙之间；村落南部有南环公路自西北向东南穿过。

据《留坝县志》记载，留坝

火神庙

留坝老街中段

老街始建于嘉庆十三年（1808年），距今已有200余年历史。彼时老街繁华兴旺，作坊林立，店铺云集，小吃店、布店、杂货店、药铺、米铺、铁匠铺、茶楼等密布；此外，还建有火神庙、魁星楼等宗教场所，是南来北往客人的必到之处。现存的老街起于朝阳门，止于留坝县高级中学，是城关村的商业区和公共建筑区。新建民居位于老街之外，随山势分布。

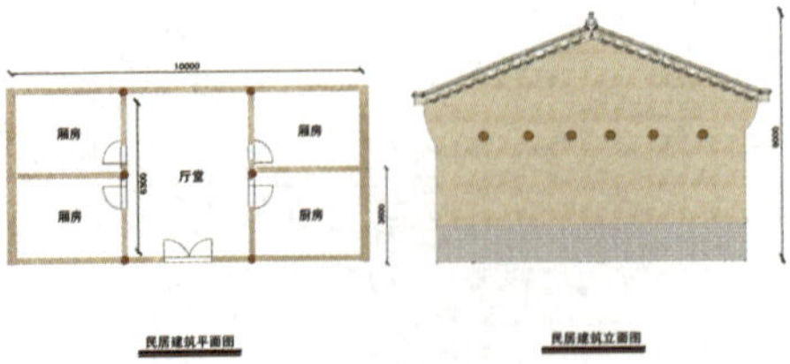

城关村传统建筑格局图

城关村传统风貌建筑复原图

柱础装饰

梁架

3. 建筑特色

城关古村的建筑多是在清代遗留下来的老宅基地上重新修建，建筑多为砖木和土木结构，青瓦双坡，“人”字形的屋顶利于排水，以适应陕南降水丰富的气候特点。建筑排列整齐，功能格局大都为前店后宅，反映了该村少农多商的人文特点。

建筑形式以穿斗式为主，山墙两面直接暴露穿斗木架，柱子直接承檩，中间以穿枋连接，保持立柱的稳定性，正立面为竹编泥墙。建筑室内为抬梁式，层数一层半，设置半层小阁楼，阁楼开窗扇通风，作储存粮食等之用。考虑到联排式住宅的防火需求，在建筑与建筑之间留有厚度 0.4 米左右的封火墙。建筑上部挑檐较深，轻盈舒展，下部敦厚结实，融汇了关中和巴蜀的建筑风格。建筑物没有固定的朝向，依山而建，面街而居。

4. 文化价值

城关古村地处陕南、秦岭南麓腹地，境内群山环绕，森林茂密，河流众多。清幽闭塞的自然环境使得城关古村成为良好的隐居之地。位于城关村西北 10 千米的张良庙，便是汉高祖刘邦开国功臣张良的隐退之处。复杂多变的地理环境和地处南来北往的交通要冲，使得古村成为古时兵家的必争之地。

（1）古栈道文化

城关村为褒斜、连云两条古栈道交会之处。褒斜栈道始建于战国时期，是中国历史上开凿最早、规模最大、沿用时间最长的栈道；连云栈道始建于汉代，古为川陕

传统风貌建筑

张良庙

通道。两条栈道贯穿南北，沟通秦陇与蜀汉，是两地经济文化交流的纽带，也是历代兵家必争的军事要道，在中国交通史上占有重要的地位。在漫长的历史中，古栈道屡遭兵燹水毁，多次修复，至今遗址尚存。城关村古时是连云栈道上的安山驿站，商旅往来频繁，久之形成了亦农亦商的居住形式，留坝老街便是这段历史的见证。

（2）多元文化

沟通南北的古栈道和联结东西的汉江，使得陕南地区成为中原文化、巴蜀文化、荆楚文化的交融之地；同时，陕南也是中原文化与西南少数民族文化的交会点。因此，城关村无论在饮食、风俗习惯还是建筑形态上都体现了多元文化的影响。

5. 保护建议

城关古村历经风雨，具有独特的文化魅力，其栈道文化是古村留坝老街鲜明的文化符号。老街建筑特色鲜明，商农合一的建筑格局充分体现了栈道重镇的历史地位。

目前，城关古村传统建筑与格局保存较好，历史环境要素丰富，兼具自然景观和人文景观。在非物质文化遗产方面，张良手杖、留坝罐罐肉、端公戏等丰富多彩。城关古村的保护发展需要大力提升基础设施与公共服务设施水平；加大传统风貌建筑保护力度，对于破损较严重的建筑建议修复和适当重建；对于非物质文化遗产应建立分级保护制度和传承机制。

图文：
张宏臣　西安建筑科技大学艺术学院硕士研究生
于东飞　西安建筑科技大学艺术学院副教授

毛坦厂古镇俯瞰

安徽六安毛坦厂古镇

1. 概况

毛坦厂古镇位于安徽省六安市金安区的南部山区地带，距六安市区 56 千米。古镇地处大别山边缘地带，四面环山，龙舒河从古镇边缘绕过，经由龙河口水库，到达巢湖，进而汇入长江，形成了独特的山水城镇格局。古镇 2007 年被列为第三批国家历史文化名镇。

据《金安区志》记载，元末明初，由于朱元璋的“马政”政策，此地成为饲养军马的基地，形成了一望无际的茅滩场，古镇也因此得名——毛坦厂。到了明清时期，毛坦厂镇逐渐兴起。据当地老人介绍，旧时古镇水陆交通便利，古镇周边设有城墙，现在的东、西闸门就是以前的城门，城门外就是码头。因此来自巢湖地区的徽商多汇聚于此，以从事养殖业（养马）、种植业（种茶制茶）、售盐业为主，毛坦厂镇遂成为当时著名的商品集散地，也是淮盐运销的节点。

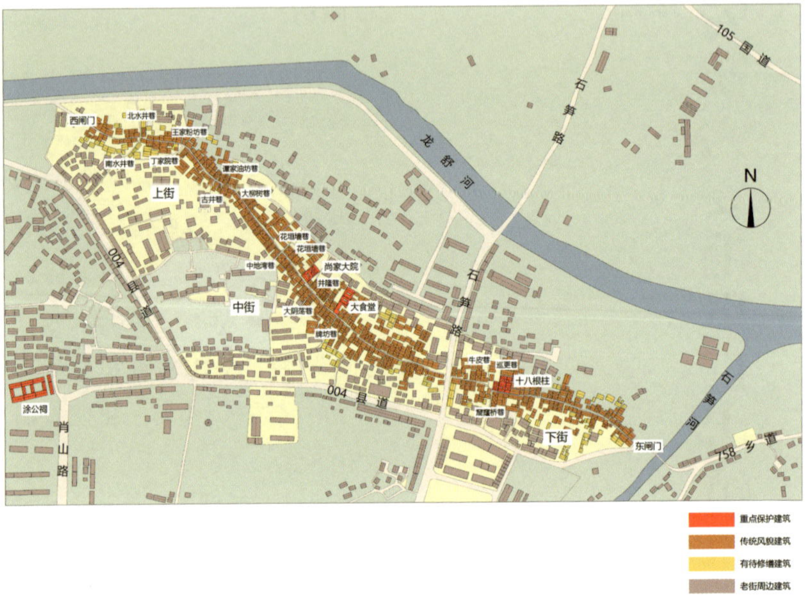
105国道
龙舒河
石笋路
石笋河
N
西闸门
北水井巷
王家粉坊巷
南水井巷
丁家院巷
上街
古井巷
大柳树巷
花垣墙巷
花垣墙巷
尚家大院
井隆巷
大食堂
中街
大阴落巷
牌坊巷
004县道
004县道
涂公祠
肖山路
牛皮巷
巡更巷
十八根柱
下街
东闸门
758乡道
重点保护建筑
传统风貌建筑
有待修缮建筑
老街周边建筑

毛坦厂镇总平面图

下街

上街

中街

中街商铺

中街牌坊

2. 古镇布局

毛坦厂明清老街位于毛坦厂镇的中心。清朝晚期，曾任湖广总督的涂宗瀛辞官移居毛坦厂镇，请来徽州的建筑工匠，在老街大兴土木，盖公馆、家庙和沿街商铺，引来周边大户竞相攀比，由此明清老街渐至鼎盛。现存的明清老街全长1320米，南北走向，有15条街巷与老街相交叉，路网呈鱼骨形。老街分为上街、中街、下街，其中上街和中街相连，一条主干道将下街与中街隔开；街道宽约4米，为青石板和鹅卵石铺就。青石板路面为旧时独轮车送货所用，青石板上留下的深深车辙是昔日老街商业繁华的见证。街巷两边现存房屋多为清朝晚期建筑，古朴典雅，风格独特，大青砖、小灰瓦、天井院、风火墙、铺板门，构架堂皇，木雕石刻栩栩如生，成为老街上最具特色的建筑元素。

老街巷道

民居之一

民居之二

3. 建筑特色

毛坦厂镇地处皖西地区，其明清老街是皖西传统民居的集中地。建筑融合了北方合院式、南方天井式等民居的特点，具有南北杂陈的特色。老街建筑多采用二进式以及三进式带天井的空间布局形式，建筑类型多为商住混合，有“前商后住”“下商上住”两种类型。老街沿街面形式以木材展现，每栋为三开间组成，立面一至两层。下街建筑格局多柱廊，上街、中街多为马头墙结合阁楼式建筑。老街墙面多为砖墙，部分为白浆抹面、土制；建筑山墙面的马头墙也各具特色，有跌落式、折线式等。老街建筑的另一大特色就是建筑撑拱的形式，有卷草、云或鸟兽等纹样。

（1）涂公祠（张家店战役三纵司令部旧址）

明清老街的中街内原有涂公馆，也称“湖广会馆”，现已被毁。后在老街不远处新修建了涂光禄公祠，为省级文物保护单位。该祠现存节孝坊、清风塘、清风亭

马头墙（跌落式）

和御敕圣旨碑等珍贵文物，有涂氏家庙、大别山民俗风情馆、张家店战役纪念馆等人文景点；其建筑为三进四合院式，祠堂外观雄伟，青砖灰瓦、高脊飞檐、雕梁画栋，是解放战争时期刘邓大军第三纵队千里跃进大别山时张家店战役指挥部旧址。

（2）尚家大院

尚家大院位于明清老街中街井隆巷旁边，为百年历史建筑，省级文物保护单位。目前尚存阁楼10多间，保存较为完整。抗日战争和解放战争时期，曾作为新四军和刘邓大军第三纵队的衣被厂使用，现为当地居民的住宅。

（3）大食堂

大食堂原为集宝堂，因其人民公社时期曾作为大食堂而得名。该建筑位于明清老街中街，为省级文物保护单位。建筑整体为徽派建筑风格，青砖砌墙体，保存较为完好，现在院落墙体上还能看到“大跃进”及“文革”等时期的口号标语，是重要的历

店铺撑拱

卷草纹样的撑拱

涂公祠

尚家大院内庭院

大食堂外观

人民公社大食堂内景

油纸伞店铺

史见证空间。现已作为展览馆使用。

（4）十八根柱

十八根柱因其特有的十八根柱廊而得名，是整个老街独特的街巷空间，体现了徽派建筑与当地的融合。建筑位于明清老街下街，为省级文物保护单位。现作为学生出租房使用，内部空间分割破坏严重。

4. 文化价值

（1）油纸伞文化

毛坦厂镇的手工作坊很多，其中，“大红袍”油纸伞制作工艺被评为六安市第三批非物质文化遗产，镇上的承古斋一直以来就是油纸伞制作和销售的地方。

（2）庐剧文化

毛坦厂镇深受庐剧的影响，明清老街旧时的古戏台就是当地人热爱庐剧的见证，庐剧已被列入第一批国家级非物质文化遗产名录。

（3）兽医文化

明清老街中街上有兽医鼻祖元亨纪念馆，其著作《元亨养马集》是我国兽医史上一个重要的里程碑。

（4）红色文化

明清老街上的尚家大院是新四军和刘邓大军第三纵队衣被厂旧址，涂公祠是刘邓大军第三纵队千里跃进大别山时张家店战役指挥部旧址，展现了大别山革命老区的红色文化。

5. 保护建议

毛坦厂明清老街中，中街保存得最为完整，整体保护较好；但上街与下街的建筑毁坏较为严重，老街上曾经存在的盐行、茶行、万年古戏台、五仙庙、牌坊等都已不复存在。外地人对于毛坦厂镇的印象多为毛坦厂镇中学。建议提升对毛坦厂明清老街的保护认知，加强对街区内四个省级重点文物保护单位的标示引导，从而带动整个老街的整治保护，以原真性为原则重现古镇的传统风貌。

图文：
赵　逵　华中科技大学建筑与城市规划学院教授
白　梅　中南建筑设计院股份有限公司建筑师

灵山村镶嵌在青山绿水间

安徽黄山灵山古村

1. 概况

灵山古村位于安徽省黄山市徽州区呈坎镇东南，依山傍水而建，居于灵金山、丰山之间的山谷。灵山村距205国道5千米、距徽州区政府所在地12.5千米。后唐时建村，元代隶属徽州府歙县，明代隶属徽州府歙县滚秀乡灵山大社仁风里，今属黄山市徽州区呈坎镇灵山行政村。灵山村村民主要以种植业和竹编业为主，盛产贡米、食用油、西瓜、竹笋、柿子、酒酿、豆腐等绿色食品和土特产品。

2. 古村布局

村庄驻于黄山山脉的灵金山、丰山之间的狭长山谷间，群山环抱中一条长长的灵金河从山谷中间缓缓流出，灵山村的祖先以河为中心，沿河建起水街，作为村子的主干道，蜿蜒南北1.5千米，民居建筑则基本沿河、街而建，在较宽的地方由东西向的小巷道延伸出去形成组团，整

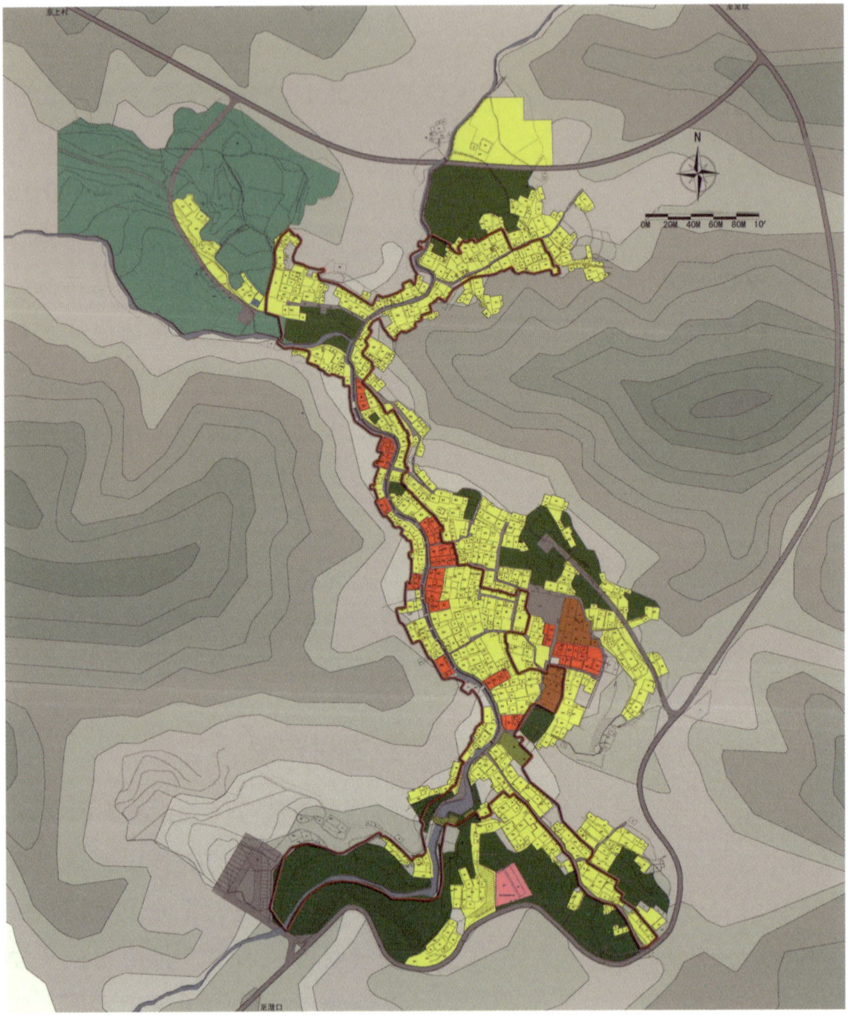

灵山村总体布局(黄山市规划设计院提供)

周边山坡上的梯田和竹林

个村子如镶嵌在群山中，天真自然，其形状如一只飞翔的凤凰。自古以来就有“山川唐代里，云树汉公祠”之说。千百年来的农耕生活，村民们把周围的山地开垦为梯田和竹林，这里种出来的大米自明代起就被作为贡米，至今保留有大量明代修筑的梯田，沿等高线舒展开来的梯田四季都是美丽的景观，和村落的建筑群、竹海、周围的群山一起构成一幅天然的新安派山水画。

村落主要的入口在南端，空间比较开敞，是村落的水口所在，建有廊桥，桥旁耸立起两重檐的天尊阁，穿过廊桥便可见一座明代的状元石牌坊站在路中间，从牌坊而过，便是水街了，水街紧紧依偎着灵金河，因为

明代状元石牌坊

水街一隅

灵金河西侧的建筑大多临水而建，每户都有石板桥与水街相连

东侧的腹地较大，水街大部分建在河的东侧，而且东侧也多院落建筑，河道的宽度和水街的宽度都是 2~3 米，水街最窄处也就 1 米多，最宽处也不过 4 米左右，当然，作为村落里的主要公共交往空间，水街上有多处小空地，村民们时常聚在一起聊天、晒太阳；河的西岸由于相对较窄，建筑基本直接临水而建，每家每户几乎都有小石板桥与水街相连，架在河道上的一块块石板打断了连续的河道空间，所形成的节奏让这个宁静的小山村顿时有了动感。水街向南和向北由驿道延伸与周边的呈坎、蜀源、潜口等村落相连，在古时，这里的山货和贡米便由这些驿道送出灵山村，到达新安江上的渔梁渡口，再北上或南下运去远方。

民居内景

荒废的祠堂

天尊阁

3. 建筑特色

灵山作为徽州古村落，人文积淀十分深厚，历代出过很多读书人，虽然规模不大，却是一个典型的农耕文明时代的传统村落。现存有古牌坊、古祠堂、古水街、古民居、古庙、古桥、古井、古树、古梯田等。其中，灵山的古庙和古祠堂在明清时期曾盛极一时，每年农历六月二十四的雷祖会，古徽州的一府六县及浙江、江西一带的百姓就像赶集一样蜂拥而至。

根据初步统计，保存较完整的明清建筑有42栋，主要都集中在水街两侧，其中，思恕堂、翰苑坊和天尊阁都已列入区级文物保护单位。当地的民居建筑风格是典型的徽派四水归堂，同时由于山地中平地珍贵，所以民居

民居第二进院落多为两层

精美的门头

水街上漂亮的彩画是当地人的手艺

水街的入口景观是离家的村民对故乡的集体记忆

的第二进院落多建 2 层和 3 层的楼，而且开间都比较小，水街两侧的建筑都向着河开门，因此，建筑大多东、西向布局。建筑的朝向和空间布局也会根据地形灵活处理，特别是沿着蜿蜒河道展开的建筑，与河道水街的关系和谐贴切，层层交错院院套合，形成流畅的空间组合。另外，当地还保存有相当数量的建筑三雕（砖雕、石雕、木雕）和彩画实物，村里留有精于建筑彩画的工匠被授予了“非物质文化遗产传承人”称号，在水街上走走，随处可见描绘淡雅细致的门头和墙体，是一道很美的风景。

由于人口和用地规模都较小，村落整体建筑的体量都不大，公共建筑也不多，主要集中在水街两侧和入口处，而且规模也都不大，紧凑的空间布局处处体现出古人珍惜土地的良苦用心，同时也造就了灵山村钟灵毓秀、精巧清新的独特气质。

2011年牌坊修缮时替换下来的明代石雕构件

4. 保护建议

现在灵山村的历史建筑有很大一部分处于空置状态，并存在亟须维修的问题，但是由于大部分历史建筑的产权属于私人，如何来推动这部分建筑的维修和再利用成为政府的一个大难题，该村落2009年被列入安徽省“百村千幢”工程，2012年又被列入“世界银行黄山新农村建设的试点村落”名单，也许这会成为一个很好的机遇。目前，已经有些艺术院校将这里作为绘画基地，但长久以来因其藏在深山无人知，所以基本没有旅游发展，至今街道上还没有一家农家乐或可提供旅游接待的旅馆和餐馆。主要的限制条件还是一个区位和交通问题，希望随着呈歙旅游公路的建设，可以促进灵山古村与周边古村（呈坎、唐模、潜口、蜀源）的协调发展。

但在希冀其发展旅游的同时，又极其不愿意看到未来的灵山水街被大批游客塞满的场景，这颗坠落在青山绿水中的珍珠，首先还应该是作为当地村民的生活空间，然后还是应该让那些懂它的人来细细品赏吧。

撰文：
丁　枫　同济大学国家历史文化名城研究中心
摄影：
丁　枫　金　敏

通济桥

河北石家庄天长古镇

1. 概况

天长古镇地处河北省石家庄市井陉县西部山区，距井陉县城15千米，西依太行，三面环水，地势险要，属历代兵家必争之地，素有“晋冀交通咽喉”之称，其城墙顺北高南低之势而筑，远远望去俨然如簸箕，所以又被叫作“天长簸箕城”。

天长古镇于汉代已成村落，唐代设驻军单位天长军，时名天长军城，宋代县治迁至此处，设天威军，除修筑城垣、城门外，还在城内建置县署、学宫等，嗣后历金、元两代，县城内行政设施等日臻完善，明、清两代对天长古城进行了多次修缮与增建，古城墙、重要公共建筑和众多民居聚落留存至今。900年来，天长一直作为井陉的政治、经济、文化中心，直至1958年县政府才由天长镇迁至微水镇。

2. 古镇布局

天长古镇地处河谷北侧的山

北门

北门月城

地，地势北高南低，城镇向阳而建，街巷形态顺应地形灵活延伸，而作为管理严格的军事重镇，天长镇的建造又严格遵循着封建等级制度。因此，城镇格局既有山地街巷的复杂多变，也暗含平原城镇的等级分明的网络格局。

发展之初，古镇在城墙内以东西向的城内大街为中轴向南北两侧发展，北侧由于地势陡峭不适宜民居的布局，又因为地势较高，符合权力机构居高临下的态势需求，因此县衙、文庙、城隍庙等建筑群落多分布于此，南侧则多为民居聚集。随着清末城镇

东关大街

东关民居

东关观音阁

北关街

城内巷弄

人口的增长，城内紧张的用地难以满足居住的需求，古镇不得不往城外扩张，城东部和北部的东关、北关地区迅速发展，街道两侧的商业也随之繁荣。最终形成天长古镇当前的格局：以东西向的城内大街、东关大街和南北向的北关大街为主要干道，其余街巷与之垂直，由主街为轴线向两侧发展，构成五街（城内街、南门街、东关街、北关街、城壕街）三巷（台子巷、蔡家巷、卢家巷）的格局。在民居聚集区域巷弄分布密集，并多为只能一端进入的“死胡同”，满足居民对私密性和防御性的需求。

民居内院

装饰细部

文庙殿前建筑

文庙戏台檐口装饰

3. 建筑特色

天长镇内府第民居多为以院落为中心的平面形式，四面以封闭的高墙围合，或独门大院，或院中套院，形成建筑群落。不同建筑各有特色：王家大院布局规整，为典型的递进四合院院落；郝姓大院则为三进式院落，各院之间有巷道相连；总兵府多以单独四合院形式分割而建，又以过街门、垂花门及巷道使各院相连。各处府第、民居无论何种布局样式，都有严格的秩序，以典型的北方四合院为基本组合方式。当地民居沿街墙体近地面部分为大块石料堆叠而成，上部砌筑青砖，以门楼装饰最为复杂，多为拱门，其中，又以檐部与墀头装饰最为精美。公共建筑在建造中更是遵循着严格的等级秩序，县衙、文庙、城隍庙等建筑群均以主要建筑——大堂或大殿居中，坐北朝南，其余建筑对称布局于中轴线两侧或沿中轴线顺次排列。文庙殿前建筑及部分民居具有鲜明的中西合璧风格，体现了当地在清末至民国时期的文化追求与建筑演变。

城隍庙戏台

4. 保护建议

由于军事重镇的重要功能，天长从小村落逐渐发展为区域中心，拥有大量完整的民居聚落和府邸公建，随着20世纪60年代县政府的外迁，城镇逐渐衰落，也使得众多历史遗存未受到建设性破坏。当地对文物保护较为重视，并对众多的遗址进行积极发掘与保护，成效显著，但是传统风貌建筑集中的居住聚落空心化趋势明显，一方面，老宅空置、年久失修，另一方面居民为改善生活而进行的改建活动缺乏有效的指导，对传统风貌有一定破坏。古城亟须对城内及城关的众多历史遗存进行分类梳理，采取针对有效的保护与修缮措施，保护文物保护单位周边的历史环境、传统风貌，依托特色鲜明的古镇文化积极发展现代服务业，鼓励原住居民的本地经营与就业，在新一轮的发展机遇中焕发生机。

图文：
葛　亮　同济大学国家历史文化名城研究中心
吕　冲　同济大学建筑设计研究院（集团）有限公司

大梁江古村远观

河北石家庄大梁江古村

1. 概况

大梁江古村位于河北省石家庄市井陉县，地处太行山东麓的山凹，距井陉县城西南约30千米，“其山重冈叠嶂，丰草乔林，山明水秀”，“四面青山远翠，八方曲水争流，亦圣境之地也”。村中龙王庙的碑记生动地记述了村落的周边环境。明嘉靖年间（1522—1566年）梁氏家族迁至“甘桃沟”，而后梁姓家族壮大扩张，村落发展迅速，清中期梁氏梁深中武状元，其弟梁润中文状元，梁氏成为本村望族，村名也随之改为“大梁江”。

2. 古村布局

大梁江古村是氏族关系为基础的聚落，外部形态表现为依山就势，延山脉布局，内部形成同族居住的建筑组团，居住建筑分布紧凑且布局灵活，多为住宅联建，建筑与空地的自由结合，使得有限的农业用地得到更充分的利用。村落现存整体风貌以明清

村口

古戏台

村落巷道

村落建筑

特征为主，遍布村落的3000余米的三街五巷保存完整，全部用青石和卵石铺成，变化丰富，尺度宜人，街道宽3~4米，分别为形成于清代的上街、下街和形成于明代的中街，巷道宽约2~3米，分别为甘桃巷、槐树巷、桥头巷、安泰巷、泰和巷。

大梁江村原有“八庙一祠”和2个戏台，现存5座庙宇、1座祠堂和2个戏台，这些公共建筑散落在村落中，至今还发挥着各自的作用，偶尔还会有三月十八奶奶庙、项羽霸王台阅兵等当地特色传统曲艺在古戏台上演。

民居外观

民居院落内景

街道排水渠

院落外排水槽

院落内排水槽

3. 建筑特色

大梁江古村是一个石头村，石砌建筑风格统一，但又不失个性，富有太行山区民居特色，同时也透露着浓郁的山西风格。这些石砌建筑显得古朴、厚重，石筑结构稳固耐久，门、窗、影壁等细部体现出较高建造工艺水平。民居建筑形式分为日字宅和月字宅。最具代表性的宅院“武举人院”有九个院落，相通相连，当地人称为“一宅九院”。“武举人院”主院即为日字宅，子午向，巽字门，整体为石砖木结构。与日字宅不同，月字宅没有客房即所谓的“戚位”，大门代替了

村内主街与桥窟窿

村口桥窟窿

“戚位”，大门内侧设立一个木结构屏风门，采用月字宅形式的有梁启良宅等。建筑细部丰富多彩，垂花门、雕花木窗、抱鼓石、照壁和吻兽等十分精美，极具艺术价值。

村落具有完整的排水系统。平坡结合的院落中，坡屋顶建筑顺势将雨水排至院落，由院落中连接外部的沟槽排入沟渠和巷道，平屋顶建筑则通过排水槽直接将雨水排至院落外。由明渠、暗渠、巷道组成的排水支管与主干管道汇合，一路将水从村落上端排至下端村口附近，形成了一整套完善的网状排水体系，使得村落在遭遇强降水时依然可以比较安全。主干管道有的就是村中的街道，有的采用石拱结构从建筑下穿过，最大的可以容许成人通过，当地人形象地称其为“桥窟窿”。

4. 保护建议

大梁江村的村民具有较高的保护意识，在较早的时候就确定了“保护古村、发展新村”的发展方向，在村北建设了新村，居民大多搬迁至新村生活，古村未遭建设性破坏；另一方面，由于古村居住人口的大量流失，许多建筑缺乏日常的保养与照顾，建筑保存状况堪忧，村落也由于缺乏生气面临进一步发展的瓶颈。古村如今亟待有序地开展古村建筑的修缮工作，防止历史建筑的进一步损坏和倒塌，更要防止在修缮过程中产生的“修缮性破坏”。此外，还应对与大梁江古村遥相呼应的新村建设进行控制，在风格、体量上与古村相协调。

图文：
葛　亮　同济大学国家历史文化名城研究中心
余雪悦　同济大学建筑与城市规划学院

英谈古村局部鸟瞰

河北邢台英谈古村

1. 概况

英谈古村位于河北省邢台市路罗镇，东距邢台市区 70 千米，西距太行山 32 千米，是以路姓为主的血缘型村落。古村以山为屏，以水为阻，有着完善的防御系统。

英谈古村地处太行山东麓深山腹地，始建于明永乐年间（1403—1424 年），距今已有 600 余年历史。其英谈古寨是国内保存较完整的石砌寨堡，也是晋冀两地商贸往来的重要关隘。冀商经此地进入山西，晋商经英谈古村进入河北，将长芦盐运往山西及西北各地。晋冀商人的往来贸易促进了河北和山西的经济繁荣，也成就了英谈路氏家族的繁荣和顺德府（现邢台市）“南关文化”的兴盛。

古村山清水秀，民风淳朴，有“一川、三山、六岩、九沟、十八垴”之称，是第三批中国历史文化名村和第一批中国传统村落。

英谈古寨建筑群

后英谈村街巷空间之一

后英谈村街巷空间之二

2. 古村布局

英谈古村地处太行深山区，三面环山，东面临河，古村分为三个自然村庄，当地称东庄、前庄（前英谈）、后庄（后英谈）。村内以路氏家宅为主的建筑群依山就势，于台地上顺应水势蜿蜒而下，建筑风格独特，保存完好。

其中最有特色的是英谈古寨，古寨是寨堡防御型聚落，堪称“江北第一古石寨”。英谈古寨面朝东南，四周由寨墙环抱，寨墙长1000米，高3米，在古寨各个方向均设有拱券式寨门，其中东寨门是古寨的主入口，红石铺就的主街（从东寨门通往西寨门）形成了古寨的主轴线，山溪“英谈川”与主街平行。主街曲折而上，其支路

英谈古寨总平面图

英谈古寨寨门

西寨门和寨墙

土地神神龛

英谈古寨台地空间

延伸到各家院落。古寨从街道到宅院，从墙壁到屋顶，均由太行山所产赤色石材铺设和砌筑而成。

古寨内部交通畅达，寨内主街通达各寨门，连接主街的支路蜿蜒曲折，复杂的支路系统对于进犯者在心理上和行为上起到了双重防御的效果。古寨的空间布局有“一门进十门出”的说法：每座院落都有至少两个出入口，平日各家自成一户，遇特殊情况时，院与院之间的多处暗门可以将所有院落串联成一体，便于村民的迅速转移。

贵和堂建筑立面

贵和堂建筑群

贵和堂建筑门楼

3. 建筑特色

英谈古村内多处院落高低错落，具有典型的古太行建筑风格。村内的主要建筑群由路氏三兄弟于清嘉庆年间（1796—1820 年）建成，形成了路氏家族的“三支四堂”4 个堂口，即：德和堂、汝霖堂、贵和堂和中和堂。聚落布局以这 4 个堂口为主导，形成了 4 个组团，疏密有致。

路氏民居建筑一层为窑洞式结构，做仓储之用；二层为居住空间；各层相对独立，每层有单独的出入口，室外由坡道相连，形成竖向的合院空间。路氏民居的建筑材料为具有较好保温隔热功效的当地红砂岩，其中，条石用于砌筑建筑立面，板材用于铺设地面和屋顶。

（1）贵和堂建筑群

贵和堂建筑群是路家四堂中形制最高的房屋，由路氏三兄弟中的老三路法尧建造。贵和堂建筑面积 2668 平方米，有 10 座院落，建在后英谈村的中心位置，“外看三层楼，进院没有楼，来回之字路，回望还是楼”是当地人对贵和堂建筑群的描述。

德和堂

汝霖堂建筑

（2）中和堂建筑群

中和堂建筑群由路氏三兄弟中的老大路法贤所建，由其子承立堂口，位于英谈川以南，共有5座院落，其中1座建在桥上，称为“桥院”。建筑多以四合院的营造方式建造，院落为二进深：第一进为正厅，石质拱券过道，左右两侧各为4间厢房；第二进为正房院落，正房5间，东西厢房各3间。5座院落彼此相连，建筑面积共计2200平方米。

（3）德和堂建筑群

德和堂建筑群位于后英谈村北部，由路氏三兄弟中的老大路法贤建造，共有2处院落，建筑面积共计410平方米，现保存较为完整。路氏这一支系主要经营长芦盐发家，因此英谈寨也是长芦盐道的重要节点之一。德和堂依山就势建在山坡上，出入口位于不同标高，从外部街道上看，是三层楼房，进入每层院落后，是一层平房入户效果。在德和堂北楼有一眼泉水，在泉眼上修建了拱形石壁，既保留了泉眼，又增加了空间层次。

（4）汝霖堂建筑群

汝霖堂建筑群由路氏三兄弟中的老二路法圣建造，位于后英谈村北部，有7座院落，建筑面积共计1300平方米。汝霖堂在不同楼层均有出入口，通过台阶过道形成高差。正房与两侧厢房均为五开间、两层结构，纵向有狭长的台阶过道联系垂直空间，横向由跨院两两相连，建筑大多以两层为主，形成纵横交叉的民居聚落，有着完善的防御系统。

由于英谈村地处深山，位置隐蔽，易守难攻，汝霖堂在1940年前后一段时期曾是八路军129师总部所在地，抗日战争时期中国共产党在晋冀鲁豫根据地领导建立的冀南银行及其印钞厂也曾设于此处。

4. 保护建议

英谈古村街巷格局和建筑材料独具特色，应建立相关措施予以保护。应保留台地式街巷格局，保持原有街巷尺度和整体风貌，不改变街道宽度，禁止对红石板路面的破坏；应对街巷两边建筑立面进行维护，尽量保存当地的红石板建材以及传统的石砌建造技艺，在建设新建筑时应与老建筑保持协调，以维护传统街巷特色风貌。

图文：
黄　粲　华中科技大学建筑与城市规划学院硕士
赵　逵　华中科技大学建筑与城市规划学院教授
王　特　艾麦欧（上海）建筑设计咨询有限公司建筑师
参与调研人员：
赵苒婷

永泰古城全景

甘肃白银永泰古城

1. 概况

永泰古城位于甘肃省白银市景泰县县城西南27千米处，是甘肃省境内唯一保存完整的明代古城。古城东、北两侧是大面积旱沙地，西侧有水磨沟沙河，南接老虎山。作为明长城沿线重要的军事防御城堡，永泰古城军事意义重大，并具有重要的政治、文化、经济价值。古城占地面积约20公顷，距今已有400余年历史，主产小麦、胡麻、油葵、苦豆、土豆等。2006年，永泰古城被列为全国重点文物保护单位。

永泰古城始建于明万历三十五年（1607年）春，历时两年筑成，由明代兵备副使邢云路督工建造。古城的修建源于著名的松山战役。当时永泰是明代甘肃新边的一个重要据点，河套蒙古部落阿赤兔部在此地横行掠夺，还经常进犯兰州黄河浮桥，威胁着过往商旅和当地百姓的安全。明万历二十六年（1598年），

古城门

明政府发动松山战役，一举得胜，彻底铲除了蒙古残余势力，随即修筑永泰古城，驻兵把守，保护一方百姓。《定松山碑》中记载："宣庙略于河西，靖边烽于漠北，奏龙沙之捷，屯虎城之田。"古城东连靖会，西通古凉，南障金城，北控大漠，是进入青藏高原的重要门户，具有重要的军事战略意义，400多年来一直固若金汤。

永泰古城总平面图

古城墙

2. 古城布局

古城选址于川滩地段，是明朝时期延绥、宁夏和甘肃三边通往西藏、青海、新疆的咽喉之地。古城选址具有军事、政治、商业和外交等多重意义。松山战役胜利后，三边总督李汶为巩固军事防御，当即上书朝廷，请愿修筑永泰古城，这座河西走廊的东端门户遂得以建成。

永泰古城中，深 2.5 米、宽 6.6 米的护城河和高大坚固的城墙形成了第一道军事防线。据史料记载，当时的法律规定人畜不得自由跨越护城河，防御体系十分完备。古城南北两侧通往兰州和长城方向，建有绵延数十里的烽火台，如有敌人进犯永泰地界，永泰城内人员便可以及时掌握军情。古时的老虎山森林茂密，高大的植被可隐蔽军马，待敌人用一天的时间到达永泰古城时，早已中

南城门及瓮城

永泰门

了埋伏，形同瓮中之鳖。古城完备的防御体系称得上是中国古代军事要塞经典之作。旧时，古城“酒肆商行，旗幌昭然”。近年来，由于连年干旱，土地沙化和盐碱化，居民纷纷外迁，往日的繁华景象不复存在。今天的永泰古城内，居民每家都有养羊的习惯，羊群出城食草和饮水成了一道独特的风景线。

椭圆形的城墙与护城河勾勒出古城平面轮廓，形似龟盖。城墙

南城门之一

南城门之二

由当地黄土夯筑而成，长1717米，高约12米，厚约5米，城墙上有炮台12座、城楼4座。城的北、西、东三门筑有封闭式半圆形月城；南门建有瓮城，外城门名“永宁门”，内城门名“永泰门”。四周的月城和瓮城形似龟足，故有“永泰龟城”之称。南城门与北城门之间有一条笔直的主路，宽2～3米，形成古城南北主轴线。南城门是居民进出的主通道，门外有一涝池，取名“永济海”，

古城街巷

古民居群

专供牲畜饮用。城内有五眼串井和甘露池，是供居民生活饮用的水源，称“六腑”，增添了龟城的灵气。城外东南7.5千米处有专门牧马的骟马沟，南门外0.5千米处建有校场和演武厅，城外西北方向3.5千米处设有军需草料库。目前，这些军事设施遗址尚存。

古城地处腾格里沙漠和黄土高原的交界地带，是河西走廊东端的门户，在明清两代都具有重要的战略地位。这里自然气候恶劣，常年大风，沙土飞扬。古城整体色调是苍凉的黄土色，宏伟的夯土城墙和井然有序的土坯房，加之周围无边无际的旱沙地，勾勒出一幅西北戈壁大漠风情的图画。

3. 建筑特色

古城按照完备的军事防御工事建造，除了以坚固的城墙和护城河进行防御之外，城内火药库、

民居院落

木雕

永泰小学外观

兵营、武器库等一应俱全。古时城中驻军2000多人，当时的兰州参将就驻扎在城内。古城内原有大佛寺、诸神阁和数道牌楼等古建筑，现多已毁。目前保存较好的古迹有城墙、城门、古民居、甘露池、五眼泉、永济海和永泰小学等。另外，在古城北部及永泰小学附近的空地上，可以辨别出玉皇阁、城隍庙、敌楼、龙王庙、点将台、校场、仓房、衙署、老君阁、太极池、行宫殿等多处遗迹，城外的烽燧、墩台等遗址尚存。

城内民居独家独院，院落方正，坐东北朝西南，延续了古城空间格局特征。土坯房舍鳞次栉比，纵横的街道井井有条，一条笔直的主街道从南城门通达北城门。院中单体建筑多为纵横两座，呈“L”形半包围，另外两面由土墙围合，形成四方院落。由于龟城本身北部偏东，南部偏西，主

永泰小学局部之一

永泰小学局部之二

轴线由东北至西南呈一条斜线，故院落内建筑也面向西南或东南。古民居多是以泥土为墙的土坯房，墙体内填充部分加钢筋材料，以提高墙体抗弯能力；单坡屋面，坡度很小，近平顶，同样使用黏土为材料，不覆瓦，覆一层碎石子；木门窗。此外，古城内有少量新建的双坡屋面砖瓦房。

建于民国时期的永泰小学位于古城内南北中轴线西侧，属于县级文物保护单位。校园由两进四合院组成，前后院作为操场使用，两侧厢房为教室，教室门前是出檐很深的长廊，遮风挡雨。小学建筑外形中西合璧，主入口立有一面高大的青砖磨面墙，前后院之间的房屋门窗为木质起脊浅檐拱顶样式，雅致端庄。古城内靠近南门处，还有座土木结构的戏楼，曾有影视剧在这里取景，现在是古城节日里唱社戏的舞台。

4. 保护建议

永泰古城工事坚固、易守难攻，是古代丝绸之路沿线一处完备的军事屏障，也是现存最具代表性的明代军事城堡。古城曾经是长城边防体系中的重要组成部分，具有重要的军事战略地位，被列为全国重点文物保护单位，也是当今西部著名的影视外景基地。不容忽视的是，永泰古城正处于生态恶化和缺水的艰难境地。保护建议：（1）整体保护古城格局及周边自然风貌，重点保护古城墙、水系、道路和历史建筑。对古城墙采取夯补、加固、墙基排水处理、表面防风化处理等抢救性保护措施。（2）保护永泰古城的西北地域文化特色。及时保护和修葺历史建筑，保护古城文化资源，避免影视剧组及游客等造成人为破坏。适当完善商业服务功能，实现永续发展。（3）留住古城居民，改善古城生活基础设施，引导居民自觉参与古城保护，避免大规模搬迁形成空城，利用资源为居民创造就业途径和经济收入。

砖雕

图文：
杨　眉　西安交通大学副教授
张伏虎　西安交通大学教授

梅江村整体鸟瞰

甘肃天水梅江古村

1. 概况

梅江古村位于甘肃省天水市清水县贾川乡山区地带，距清水县城约30千米。因早年间村口一棵老榆树开花酷似梅花，山下有河流渭之曰“江”，因此得名。

梅江古村历史悠久，成形于元代以前，明代朱元璋之子朱楧的一支族人流落至此定居，此后朱姓便成该村大姓。清代中期，朱氏族人朱正南考中进士后回乡筑宅，宅院保存至今。现村庄整体布局和建筑风貌依然能够体现清代中期风格，现已入选第二批中国传统古村落名录。

2. 古村布局

梅江村背靠梅山，面朝梅江河，顺应山体、随沟应壑建于6层黄土高坡台地之上，整体呈坐西向东之势，是典型的黄土高原沟坡型村庄，具有显著的大地景观特征，表现出西北传统村落人与自然和谐相依的生活状态。

村庄街巷总体布局呈现叶脉

聚落俯瞰

状，组织脉络清晰，空间生动丰富。村庄中部被一冲沟所截，将下3层台地割裂。街巷宽2~4米不等，其中村内主路顺应退台地势，沿等高线水平分布；一面是地势高处民居的地基基础或边坡，另一面是地势低处民居屋顶，路侧有古槐树两棵，一棵树龄600余年，另一棵树龄400余年。次巷空间狭窄，多与主街垂直，穿插于各民居之间。目前，除入村主干路已被硬化外，其余街巷仍为土路，黄土韵味十足。

入村主路

村庄建筑呈合院式联排布局，形成沿台地伸展的条纹状村庄肌理，秩序井然，功能合理。每一层台地内均包括若干个独立的功能组团，由枝状路网与主街串联。每一功能组团一般包括入口处的打谷场和内部10~15户三合院或四合院式民居；组团又与山体同

古槐参天

打谷场

村民以传统工艺制作粉条

合院式建筑

一等高面的村民自用田直接对接，形成有序的“生产－生活”结构，自给自足的生活模式延续至今。梅江村最高层台地原有山神庙1处，于20世纪60年代被毁坏。

村民需打井取水，往往根据台地地势走向挖掘窖井，一方面可储存雨水，另一方面也有助于涵养地下潜水层。为防止黄土台塬被暴雨侵蚀发生塌陷，村民自发在台塬边缘种植柏树，固土护坡，改善生态。

3. 建筑特色

村内以六院联排的清中期进士朱正南故居最为典型。六院具体为：落边院、落中院、落老院、上牛院、当中院和佛堂院。其中落老院保存最为完好。其正房名曰“三多堂”，开三间；房基高于庭院平面，以素土夯起。正房以云落三檐式进行修建，粗柱宽梁、直棂隔窗。其檐廊宽敞，庭前有四根木质明柱，窗台以下以青砖砌筑。院南侧有两层绣楼，

木构土坯民居

落老院全貌

一层为丫鬟生活的仆房；二层为小姐闺房，也是习做女红之处。绣楼过木板梯登楼，二楼楼梯口设置有盖板，人在楼上压上盖板，便成隔空之房，深闺之楼。

村落整体为木构土坯的民居建筑群，具有建造成本低、加工能耗少、冬暖夏凉的特点，当下看来可谓绿色建筑。

“胡墼”土坯墙是建筑的主体，将土坯砖立摆，侧丁平顺交替或侧砖顺砌，顺砖加筋，泥浆只填横缝。立摆竖缝之间不用泥，防止土坯被泥浆泡软，且便于砌块相互挤紧。加筋则为顺砖加麦秸草拉筋一道。在山墙部分下端墙基部分用砖石勒脚，在顶端砌筑青砖，既有利于建筑防潮，又提升了土坯墙的美感。另有部分建筑采用了下部板筑夯土至同一水平面，继而上部运用“胡墼”土坯砌筑的混合式砌筑方法。

木构架与墙体混合承重方式被村内民居广泛采用，有的取消

民居院门

山墙面梁柱，直接利用山墙承重，有的则在四面墙中仍包有木柱，同时承重。

屋顶以硬山式屋顶为主，椽上架薄板，做防水处理，内衬苇席，上压红砖，糊麦草泥，以达到保温隔热的效果。屋顶坡度约30度，瓦屋面做仰瓦，出檐较大，以保护夯土墙免受雨水冲刷。

檐下雕花

4. 保护建议

梅江村历史遗存丰富，村落风貌突出，生活氛围浓厚，整体价值颇高，应充分挖掘、永续传承、合理利用。

梅江村内有众多的非物质文化遗产，渗透在村民的日常生产生活之中，但村民对其价值认识不足。近年来“以改善居民生活”为出发点的建设活动多以改善硬件条件为首要考量，对传统村落及周边环境的照顾欠佳，翻建民居、新建民居点、兴建城市化的广场都对梅江村传统风貌造成了影响。

建议进一步增进村民对家乡历史文化价值的认同，并对村庄整体风貌进行审慎控制和合理发展。对于村落内年久失修的老宅民居，应以传统营造方式进行修缮，使房屋内部设施满足如今生活的需求；应当组织居民和社会力量对大量空置房屋进行有效利用，解决村民就地就业问题，切实提高居民收入，吸引已外出务工青壮年村民能够回家乡发展。

村内年久失修老宅

图文：
刘锦洋　中南大学建筑与艺术学院本科生
葛　亮　上海同济城市规划设计研究院有限公司工程师

盐丁村俯瞰

海南儋州盐丁古村

1. 概况

盐丁古村位于海南省儋州市峨蔓镇北部沿海100万年前火山爆发留下的玄武岩石海岸边，村落中房屋院墙全由火山石砌筑而成，沿海600亩（40公顷）古盐田也是由黑色的火山岩石手工打制的大大小小的盐槽组成，还有近40栋古盐房，完整沿袭着宋代以来传统日晒制盐的生产工序和技艺。

说是盐田，其实是隐伏在浅海岸滩的红树林和仙人掌丛中，由卤池、盐槽、石井、石屋、盐道共同构成的人与海交互的千年“石头盐场”——用小块的、不规则的火山石块将海滩沙地围成大小不等的卤池，卤池之间散布着各式各样的火山石盐槽和收集卤水的集水井。盐槽主要有两类——“棋盘式”和“墨砚式”。“棋盘式”中最常见的是单槽，用打磨成方形的火山石拼砌出平整如棋盘的底面，四边则用不规则小石块围砌，外轮廓呈正方形、

火山岩石手工打制成的盐槽

晒盐场

盐田

长方形、半月形或椭圆形；由两个以上的单槽拼联成较大的组合槽，如4个单槽组成“田字槽”或“风车槽”，9个单槽排列组合成“九宫格”等。对于那些零星分布的个头较大的火山岩块，聪慧勤劳的儋州人就地将石块顶面磨平留边，宛如一个巨大的露天砚台，即为“墨砚式”，也用于卤水晒盐。在峨蔓古盐田，这样的“墨砚式”盐槽有7500多个，漫漫海滩无一块废弃无用的石头，真可谓妙手匠心、物尽其用！

每当涨潮时海水浸泡岸边的沙泥，退潮后盐民用木耙把盐泥耙松、晒干，放进铺有细竹或稻草的卤池，用脚踏实，并浇上海水过滤，含盐分很高的卤水便汇于集水井中，然后取出卤水，就近倾倒在“墨砚式”或“棋盘式”的石盐槽中，经日光暴晒和海风吹拂，水分迅速蒸腾，及至傍晚，各盐槽表面便结出一层雪白均匀的盐花，盐工便可逐槽收盐了！在卤池与盐槽之间还点缀着独幢或三两成组的小石屋，也是用火山石垒砌成的，用于存放制盐工具和成品盐。

从唐宋时期开始，这里的人们就利用海岸盐田引海水、蓄水、过滤，晒制成优质海盐，再通过盐丁港运销到全国各地。

村口空间

街巷

2. 古村布局

海岸盐田南侧便是村落，这里同样是一个火山石的世界。火山岩浆喷发后凝结的石块内部和表面都分布大量细微洞孔，因而质地轻且疏松，便于加工。儋州人就用这取之不尽、唾手可得的火山石建造房屋、院墙，围砌池塘、水井，铺筑场地和道路，甚至匠心独运地雕凿成生活所需的各种物件。

整个村落占地不过10公顷，沿着石头铺砌的主路行至中央水塘，传统石屋均围绕水塘呈团状放射布局。每一幢石屋都做工精良，细腻平整的石块间不用水泥钢筋，便能严丝合缝垒砌成一整面平直划一的石墙。石屋的前

宗祠和字纸塔

村口的土地公庙

后檐墙一般使用打磨方正的石块，拼砌也极工整；山墙面的拼砌法则显得格外活泼——石块自下而上、由边缘向中间，呈现微微上扬的弧线拼缝，当垒到山尖时，恰到好处地与屋面坡线吻合起来，就像一幅极有韵律的抽象画。石屋外墙都用火山石垒砌，内部却仍是木柱木梁支撑，木柱下一律用火山石柱础，与盐碱地面隔离，以防木材腐坏。

3. 建筑特色

盐丁村村口小学院场内立着一尊民国六年（1917 年）建造的“字纸亭”，名为“亭”，实际是一座高约 4 米、五层八面、玲珑小巧的火山石塔，层层逐级收分，虽无繁复装饰，却线脚笔挺明朗，底层开孔洞用于焚烧字纸，可见村人惜字敬纸之情。

村口的小土地公庙也用火山石建造，双坡硬山的屋顶由整石雕成，凿刻出瓦楞和屋脊轮廓，两根前檐柱支撑着前廊庑，一共 7 块火山石拼搭成石雕般的小庙，坐落在同样用火山石垒砌的青黑色台座上，守护着村口，守望着盐田。

村中最精美的老宅当属“盐丁村 87 号”民居，门头上“外翰第”3 个字据说是清代探花张岳崧所题。门前两侧香插与墙石一体设计雕凿，“看面儿”的石

香插与墙石一体设计雕凿

典型院落

巷道铺地及水沟

墙制作极考究，由30厘米×20厘米的石块精砌，每块石头都由工匠细细打磨，一名工匠一天只能磨成一小块，打磨好的石块用木棉相隔叠垒，待墙体全部垒好，再将裸露在外的木棉用火小心地烧掉，这样建造的墙面平整如镜，几乎看不出石块之间的缝隙，连极薄的刀片也插不进分毫。

村落外围以单幢石屋居多；村中央的人家通常建造三四幢石屋，围着中间院子布局客厅、居室、厨房等功能，形成三合院或四合院；更大的家族则将多个合院沿纵向拼联成一长串，串与串之间隔以长长窄窄的巷道。巷道中间高起一些的大石块供人行走，早已被踏得光亮润滑；两边低一些的小碎石路面供牲畜家禽游走，巷边排水沟渠贯连全村。

4. 保护建议

峨蔓古盐田传统的日晒制盐工艺技术一直完整地保存并流传到现在，不仅占地面积广阔，并且古卤池、古盐槽、古盐房、古道、古塔和古民居并存，生动展现了儋州古代沿海制盐业的社会生产与生活状况，是我国古代制盐业的“活化石”。然而，如今村里年轻人对传统晒盐并无热情，大多选择外出务工，古盐田长期缺乏维护，仅少量“墨砚式”盐槽被老年村民在农闲时偶尔使用。从峨蔓镇到盐丁村的道路，崎岖狭窄，对外交通不便，也加剧了村落的荒凉萧条。如何依托峨蔓火山海岸的独特地貌景观，保护好盐田和古村，复兴千年古法晒盐技艺，是当下极为紧迫的要务！

图文：
袁　菲　上海同济城市规划设计研究院有限公司
葛　亮　上海同济城市规划设计研究院有限公司

大美古村俯瞰

海南澄迈大美古村

1. 概况

海南省澄迈县金江镇大美古村，始建于元代，是一个有700余年历史的王姓血亲村落。村庄延岭建造，村前水池如镜，村后靠山稳固，山水稻田环抱，历代贤良辈出。明朝澄迈县第一位武举人王世亨、获4次皇封殊荣的内阁大夫王赞襄都出生于此。

2. 古村布局

大美古村依山势而建，东高西低，房屋也顺势坐东朝西，一律面向村前半月形的大池塘。古民居由多个围合院落串联成东西向长条状。在一列列整齐划一的石砌民居之间，有12条同样用火山石铺设的东西走向的古石巷道。这些石头的“房”和“巷”交替排列，形成整个村落以水池为核心的梳状布局结构。

每一条大巷的入口旁都搭建有一个高不足1米的“土地庙”石屋，里面供奉土地公塑像，常年香火不断。半月形池塘的南北两端水

古石巷道

每条大巷的入口旁都供奉土地公公

跨水长桥和古石牌坊

村落与水塘

面较窄处，各建有一座火山石垒砌的跨水长桥，一南一北守护村头村尾，既方便村民往来水岸两侧，也是日常取水洗涤、闲话家常的好地方。其中南面的长桥，一头通向村口王氏宗祠，另一头正对“内史”古石牌坊，是大美村极富特色的村口景观。

王氏宗祠是大美村最主要的公共建筑，始建于明嘉靖年间（1522—1566年），扩建于清道光年间（1821—1850年），迄今400多年，供奉自宋代以来本族有名望的士绅官员，也是王氏宗亲管理村落社会事务的地方，1939年遭日寇焚毁，后于1953年再次重修。宗祠门前院场内，有5个凸露出地面的大石头，乌黑发亮，呈直线排列，据大美村《王氏族谱》记载为“龙石”，是建村选址的吉祥之物。宗祠占地约300平方米，房屋为石木结构，五开间三进院落。前院置照壁，外镶八卦，内设福字，入口门屋在照壁一侧。第二进院横长形，中间石铺甬路，两边各植一棵大棕榈树，左右廊屋已毁。穿过中堂到第三进院，后堂供奉祖宗牌位，堂屋与厢房、倒座均设檐廊，

王氏宗祠外观

王氏宗祠内部

廊下檐柱均为整条火山石雕凿，可防潮耐盐碱。后院宽阔方正，方石铺地，严整气派。

宗祠旁设有一眼公用水井，无井圈石，井沿六边形，仅比周边地坪略高不超过 5 厘米，以防尘土落入井中，整个井台地面也用火山石板砌成工整的六边形，井台外围设高约 1 米的石砌矮墙，开 3 个豁口供人进出。

民居院落

巷门

3. 建筑特色

大美村地处海南岛北部火山地区，人们就地取材，用地表覆盖的大量火山岩垒砌房屋、铺装道路、砌筑池塘、水井，还建起高高的防御碉楼，更有能工巧匠将火山石精雕细凿，模拟传统木构建筑外观，建成美轮美奂的塔阁、牌坊等，创造出独特的火山岩村落景观。

全村迄今保存有火山岩石垒砌的“一间三格”古石屋200多间，占现有居民总量的70%，是海南省为数不多的、保存较为完整且规模较大的明清火山石古民居建筑群。其中12间古石屋建造工艺精湛，前后檐墙均使用大块火山岩方石垒叠而成，石墙外表面平整划一、严丝合缝，手工打磨的精细程度令人赞叹。

大户宅院前都设场院，以石砌矮墙环护，循石台阶和甬路通向宅院的入口大门。门前地面条石上常凿有一排大小相同、间距均匀的方孔，正好与门屋上方过梁上的圆孔上下对应，是为了在匪患侵袭时加装木栅杠而特制的。主房多三开间，中间设门，两侧开小方窗；辅房设在左、右厢，或者仅有单厢，一至三开间均有，辅房的高度和石块打磨精度都低于主房。多进落的民居，位于后进的主房常将前檐墙退后，留出檐廊，为居家生活提供半室外的丰富空间，于是两根笔挺的前檐柱成为院落中的视线焦点。通高的火山石柱多为方柱，四楞倒角，柱身刻有少量浅浮雕线脚。柱头、柱础也为石制，简洁工整。木梁从屋内穿出石墙架在石柱头上。

檐廊石柱

民居主立面上的香插石刻

海岛房屋为防海风掀覆，屋面尽量做得低平且少出檐。而火山地区木材欠缺，所以支撑屋面的木构架用材细弱，以穿斗式居多，为了承托厚重的瓦面和压石，而选用密檩式的排布，导致穿枋的水平间距很小，瓜柱被压得极扁，常做成圆滚胖鼓的模样，还出现了将梁檩间及至瓦下的空间处理成一整片花板的做法，具有鲜明的本地特色。

4. 保护建议

这些火山石房屋历经数百年风雨延续至今，村中有宗祠、塔楼、池塘、水井，有碑刻、牌坊，有完整的家谱，更有流传经年的村规民约。至今每逢农历正月二十八，大美村的王氏族人仍然汇聚宗祠，举办祭祖庆典和分胙仪式，敬老爱老传统如初，村中老人大多康健长寿，是澄迈著名的长寿村。很多外表坚固的古石屋已无人居住，不少庭院荒草萋萋、屋面坍塌，应尽快实施完整的历史环境保护性抢救措施，村落的基础设施也亟待提升。

图文：
袁　菲　上海同济城市规划设计研究院有限公司
葛　亮　上海同济城市规划设计研究院有限公司

上伏村鸟瞰

山西晋城上伏古村

1. 概况

上伏古村位于山西省晋城市阳城县东北部，古名河阳，西南被沁河环抱，东北部靠樊山的分支，村落起源于村西北山头的上伏寨，先有古寨后建村。古村建于晋南进入泽州的泽州—翼城古驿道上，是古代晋商的重要通商节点。北方的太谷、榆次商人沿沁水而下，经此进入泽州，进而从太行陉进入河南。东西向的运城、闻喜、翼城商人以及泽潞商人往来行商也必经此处。位于沁水与驿道交点的地利优势使得上伏村成为古代重要的水陆码头，并发展为典型的商道聚落。而在明代实行“开中制”将盐业放归民营后，运城盐池产盐与泽潞地区产铁的物产优势得到联动，往来的盐铁商人极大激活了经过上伏村的泽州—翼城古驿道，上伏村地利优势发挥得淋漓尽致，除各类商品贸易外，住宿、餐饮、居间交易等配套行业也在此蓬勃发展，财富积累富户林集。时至今日，村落格

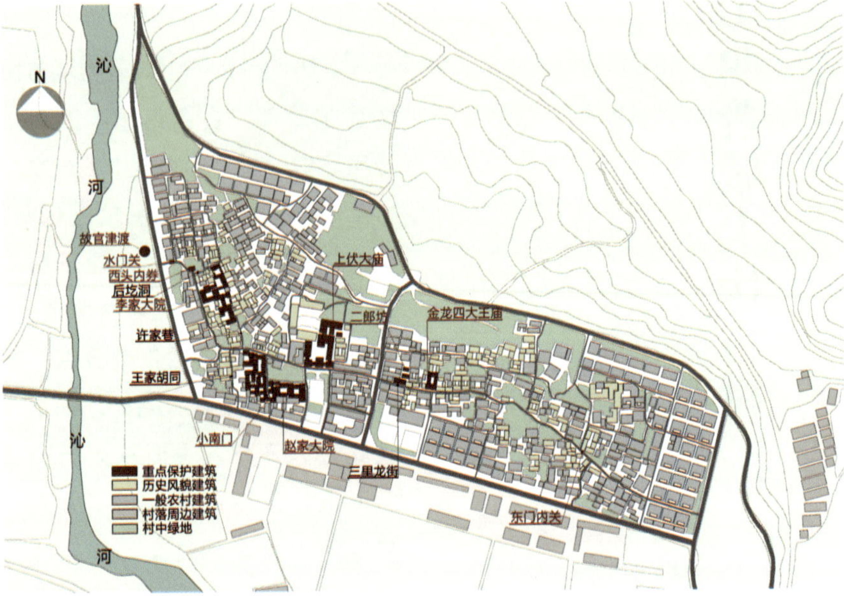

N
沁
河
故官津渡
水门关
西头内券
后圪洞
李家大院
许家巷
王家胡同
上伏大庙
二郎坊
金龙四大王庙
小南门
赵家大院
三里龙街
东门内关
沁
河
重点保护建筑
历史风貌建筑
一般农村建筑
村落周边建筑
村中绿地

上伏村平面示意图

局保存尚好，且仍有各种大院、商铺、庙宇得以较好留存，依稀可见古村往日的辉煌。上伏村于2019年入选第七批中国历史文化名村名录。

2. 古村布局

上伏村倚靠樊山分支，顺应山水形势而建，以东西横穿古村的三里龙街为主骨架，呈现带状。三里龙街以村中心的上伏大庙为界，分为东街与西街，现西街保存有较多历史风貌建筑。古时沿龙街曾密布院落，大多临街为各色商铺，后院为住宅，临街院落中还分布有各地会馆、金龙四大王庙、二郎坊、文昌帝君庙、阎君堂等古建筑。垂直于龙街的方向延伸出许家巷、王家胡同、后圪洞等数条通向住宅院的小路，小巷上也常见过街楼，街巷大多以青砖铺就，两侧建筑与围墙高度多为街道宽度的3倍左右。在三里龙街东、西两头各有内外两道券门，其中西头内券设有城楼，

三里龙街景

水门关

西头内券

御楼

券门上刻有“古道淳风”“爽挹西山”，这些券门划定了上伏古村的东西向范围，西门外临近沁河有水门关，水门关上刻“庆安澜”，标志着此处是前往沁河的重要节点，水门关外曾有渡口“官津渡”。在南北方向小巷末端古时也设有拱券门，现多已毁坏。背倚大山，面向沁水，院落又筑高墙，街巷末端设拱券门，自然与人力共同筑成的屏障将古代商业繁华的上伏村有效地保护起来。

3. 建筑特色

上伏村建筑类型主要为商住合一的民居和寺庙，大多为砖木结构，形式以院落为主，单进院多为中国北方传统的“四大八小”四合院，多进院有类似李家大院的将多个院落线性布置的串院，也有赵家大院的团聚布置的棋盘院。院落一般前店后宅，但当铺、钱庄这类对保密与安全要求较高的行业院落会筑高外墙，将交易空间放在内院，一些院落除常规居住与商业空间外，还会配备数

上伏大庙外观

上伏大庙鸟瞰

上伏大庙鼓楼

层楼高的御楼，御楼兼具眺望预警和射箭还击的防御功能，这也是上伏村财富积累后对安全性需求增高的表现。

（1）上伏大庙

上伏大庙又称成汤庙，位于三里龙街中段，坐北朝南，倒座为山门戏台，两侧有钟鼓楼，前院正殿祭祀成汤大帝，正殿两侧有二层厢房，从成汤殿东侧可通往后殿，后殿东殿为文庙，西殿为武庙，三庙相通。上伏大庙历朝多经修缮，建

赵家大院内部

赵家大院影壁

筑遗存上可追溯至金代，三庙合祀的格局使得上伏大庙获得沁河流域第一村庙之称，也是儒家、道教文化在此融合的体现。

（2）赵家大院

赵氏一族为早期晋商，于金代迁入上伏村，初时经营盐业起家，后又经营铁、绸、布等生意，财富日益积累，家业扩张，房舍逐渐占据大半村，后虽有衰落，但清代赵书麟中兴家业，将“世德堂”开到全国各地，并促进了周边地区的经济发展。赵家大院位于上伏大庙西边不远处，现仍存有绣楼院、厅房院、正上院、高祖院、书房院、外头院、里头院等大片院落，院落群聚宛如棋盘，建筑上尚留存各式木雕、砖雕。

（3）李家大院

李氏一族先祖创立商号“恒永茂”，主要经营杂货、海味、纸张致富，其家族子孙自幼在河南的许州、大梁等地学习经商。李家古时在村中即有多处店面，故而李家大院并未体现出明显的商业性，现存6院，仍保留有大致

李家大院内部

李家大院小天井

格局，前院处在三里龙西街末端，6 院之间均有角门互通，南、北、西三面均可出入，尚有人居住。

4. 保护建议

对上伏古村的保护必须重视其商道文化与晋商乃至泽潞商帮文化的历史价值。现古村格局保存尚好，三里龙西街也有较多保存较好的建筑，因此保护工作的重点应在于恢复历史风貌，拆除不协调的现代建筑，依托原有街道尺度与比例，合理复建部分建筑，修缮券门、各类大院与神庙等重要历史建筑。此外，还应对三里龙街进行合理的旅游业开发，并尽量恢复街上的商业生态。

图文：
赵　逵　华中科技大学建筑与城市规划学院教授
陈　创　华中科技大学建筑与城市规划学院硕士研究生

赤桥村局部鸟瞰

山西太原赤桥古村

1. 概况

赤桥古村位于山西省太原市晋祠镇晋源新城西南，整个村落大致呈三角形布局，地势西高东低，是浓缩保留了千百年黄土高原农耕文明的传统村落。村子北边是蒙山景区，东边是太原古县城，南边紧邻晋祠公园，西边是天龙山景区，地理位置十分优越。

赤桥古村历史悠久，因桥得名。古村早先曾名韩村、刘村，也叫石桥村。该村中央原先有座石桥（现埋于地下），相传是春秋战国时期义士豫让刺杀晋国卿大夫赵襄子未遂舍生取义之处。周定王十六年（公元前 453 年），晋国四卿之赵、韩、魏三家联手在晋阳之战中攻打四卿之首智氏家族，晋国正卿（执政大臣）、智氏家族领主智伯瑶兵败身亡。为了给主公智伯瑶报仇，豫让用漆涂身，吞炭使哑，暗伏桥下，谋刺赵襄子未遂，后为赵襄子所捕。临死时，求得赵襄子衣服，拔剑击斩其衣，以示为主复仇，

村中古槐树

然后伏剑自杀，留下了“士为知己者死，女为悦己者容”的历史典故。司马迁在《史记·刺客列传》中称豫让刺赵为“舍生取义”，是为“义刺”，体现了中国儒家的忠义思想。人们为了纪念豫让，将这座石桥命名为“豫让桥”（又称“赤桥”），村名改为“赤桥村”。近3000年的岁月沉淀，造就了赤桥古村厚重的人文底蕴和历史文化，也让赤桥古村成了古晋阳文化的杰出代表。2019年赤桥村入选第五批中国传统村落名录。

2. 古村布局

赤桥古村依山傍水，绿树成荫，环境优美。村子西侧紧邻卧虎山，流经村中的智伯渠与晋祠难老泉相通，形成山水环抱的格局。

古村被两条“经、纬线”呈“十”字形贯穿，其街巷格局由此被清晰地勾勒出来。其中，“经线”为古官道，其由东北进村，纵贯全村后在西南角出村，该道最早是赵襄子由晋阳城去往西郊、

古官道复原图

赤桥村肌理及经纬格局图

赤桥村古官道街景

古官道两侧民居之一

古官道两侧民居之二

晋水之源与天龙山区的必经之路，历代沿用，现在仍是村中的主要道路，千年古道展现出悠久的“路文化”；“纬线”是古智伯渠，古智伯渠历史上曾经由东南流入村中，横穿全村后于西北流出村外，因晋水断流，河道回填，古智伯渠河道现已被掩埋。

3. 建筑特色

赤桥村的古官道两旁鳞次栉比分布着许多民居院落，建筑形式大多为北方传统院落式，可分为街巷型和合院型两种。街巷型院落以商铺为主，前店后宅，临街而立，店面后设有门板，将商业空间与居住空间明确分隔开来；合院型院落以民宅为主，多为三进四合院。除此之外，村内还有古戏台、豫让祠，村外有兰若寺、古兴化寺等公共建筑。

（1）刘大鹏故居

刘大鹏，赤桥村人，是清末民初著名的地方史学者。刘大鹏故居为四合院建筑，坐南朝北，占地558平方米，“举人”门匾古朴典雅，高悬门头，院中北房一

民居精美砖雕之一

民居精美砖雕之二

刘大鹏故居

刘大鹏故居细部

排 8 间，西房 4 间，西房原为刘大鹏卧室，现保存完好。

（2）郑氏老宅

郑氏老宅始建于明末，距今已有 400 多年历史。其形制为单进四合院，四面房屋各仅有 1 间，最大的正房也就 30 多平方米，但“麻雀虽小，五脏俱全”，宅院里门道、照壁、通风、排水等一应俱全。

（3）豫让祠

豫让祠，又称赤桥观音庙，为纪念天下第一义侠豫让所建。大殿面阔 3 间，为单檐悬山顶，六檩前廊结构，龙形雀替，明间四扇六抹隔扇门，次间一码三箭槛窗，殿内两根大梁上绘龙形图案，清晰可见；后墙和山墙绘有壁画，体现了佛教、儒教、道教的融合和天人合一的理念，壁画中人物的衣着是明代服装。

（4）兰若寺

兰若寺倚山面川而建，景色绝佳，始建于北齐年间（550—577 年），曾经两度被毁、两度重建。20 世纪 60 年代，当地政府在兰若寺原址建起了造纸厂，不仅造成环境污染，而且寺庙及其古柏毁

郑氏老宅庭院之一

郑氏老宅庭院之二

豫让祠正殿

豫让祠外观

豫让祠正殿梁架彩绘

豫让像

豫让祠正殿精美壁画

兰若寺关公殿

坏殆尽。2006 年 9 月造纸厂关门息业，兰若寺开始恢复性修建。进入山门，曾经的兰若寺左右是钟鼓楼，迎面是天王殿，再后为大雄宝殿；寺后有洞 3 穴，内供白衣大士；洞上有飞阁，阁内祭祀关圣帝君。寺院中配殿、厢房众多，供奉着许多神佛。

4. 保护建议

虽然赤桥古村的历史文化内涵非常丰富，但是其传统村落保护现状却不容乐观：传统民居院落荒废和损毁严重，在传统建筑中存在许多私搭乱建现象，传统民居亟须保护和整治；此外，新建民居与传统村落风貌也极不协调。因此，对于赤桥村的保护，首先应当严格划定保护建筑范畴，由政府划拨专项资金对重点建筑进行修缮和整治，以保住承载赤桥村历史文化的“基质”；其次应当合理制定村落风貌保护导则，对村中新建建筑式样进行控制引导，从而保护和延续赤桥村的传统风貌；再次应当提高村民对保护古村的参与度，引导村民积极参与传统村落保护管理，将传统村落保护与利用相结合，充分挖掘赤桥村物质空间中的文化特色，结合其悠久丰富的历史典故，积极发展继承传统文脉的现代文化产业，最终达到全面保护与可持续发展的目标。

图文：
李　涛　西安建筑科技大学建筑学院讲师
陈兆哲　西安建筑科技大学建筑学院硕士研究生

大耿古村鸟瞰

江西抚州大耿古村

1. 概况

大耿古村位于江西省抚州市金溪县合市镇，历史悠久，迄今有近900年的历史。南宋初年，开基祖徐柏轩由临江府华清县迁居于此，因其基址高爽干燥，故名“耿阳”；到清乾隆年间（1736—1795年），已发展成千户之宅的大聚落，遂称“大耿”。该村为徐氏血缘村落，人文蔚起，是明代天顺元年（1457年）的榜眼——徐琼的故里。大耿村依山傍水、风景秀丽，拥有丰富的自然景观和深厚的人文底蕴，村落格局完整，风貌古朴，2016年11月被列入第四批中国传统村落名录。

2. 古村布局

大耿古村位于双陈河南岸小山下，坐北朝南，地势由南向北，逐渐升高，四周山环水绕，风水绝佳。释揭山为村之镇山（靠山），是村北部的天然屏障。村南远对朝冠峰即村之案山，称“横琴案”。纵观村落基址，三源之水绕其前，

村落周边环境

大港之水萦其后，北屏释褐山，南岸朝冠峰，左右护卫，古人充分利用自然地形，营造了一个藏风聚气的小气候环境。

大耿古村空间结构明晰有序，建筑布局规划严整，原有村墙围合，四周设门楼，为赣东地区典型的村堡式。祠堂前 1 条主街纵贯东西，6 条小巷连接南北，街巷肌理呈梳式布局。村落规模不大，总体布局为“外形印字基，南北一里许，大祠定中心，东西为两翼”，为古人所说的“丹凤展翅”形。村落空间结构可概括为“一心、一轴、两组团”。柏轩公祠作为总祠，位于村中部，为全村的精神文化核心，其左右为两大建筑组团。从入口门楼（义封门）穿过兴贤坊（榜眼牌坊）到祠堂，这个空间序列组成了村落的文化轴。

村内巷道

上箭楼

下箭楼（鼎第里）

义封门

3. 建筑特色

古村中有明清时期建筑 30 余幢，其中明代建筑 10 幢，包括 2 幢祠堂、1 幢官厅，其余为民宅；清代建筑 25 幢，多为民居，四周高墙耸立，不见瓦面，既可防火又可防风。这些建筑的门楣、窗棂、隔扇多雕绘装饰，正门常见翼角门檐，精雕细绘，处处显示古人构思之精巧。

古村西边有座“耿桥古第”，看似不起眼，走进去却是青石街巷，左边是明代民宅，右边是一片清代前期建筑物，由 4 幢相互穿插的高门大屋组成。四座正厅高大宽敞，而大门朝向各异，附属舍屋、走廊、内巷、厨房、花园、池塘等巧妙穿插，相互串通、相互掩藏，天井、小门不计其数，整体建筑巧如迷宫，外人入内莫辨方位。

（1）义封门

该建筑是全村的总门楼（南门），处凤首位置。坐北朝南，

兴贤坊（榜眼牌坊）

兴贤坊（榜眼牌坊）梁架

为三山式八字门楼，砖石结构。门楼高约4米，宽约6米。门额上镌刻“义封门”3个苍劲有力的大字。明正统六年（1441年），十一世祖捐粮1100石帮助朝廷赈灾，为了嘉奖其功德，敕建门楼。

（2）兴贤坊

又名“榜眼牌坊”。该建筑位于义封门与柏轩公祠之间，为褒奖徐琼高中榜眼而建，是文化轴线上的第二个高潮空间。兴贤坊为三层楼阁式建筑，宽4.2米，进深3米，高约10米，一层前后敞开，为义封门至柏轩公祠的通道。兴贤坊曾因多年失修，二、三层倒塌。近年来，大耿村对古建筑保护工作非常重视，政府拨款按原貌重建，恢复了旧制。

（3）柏轩公祠

又称“麟阁世家”。祠堂位于村落中部，始建于明弘治年间（1488—1505年），正大门上悬

柏轩公祠门厅

柏轩公祠内部空间

柏轩公祠梁架之一

柏轩公祠柱础石

柏轩公祠梁架之二

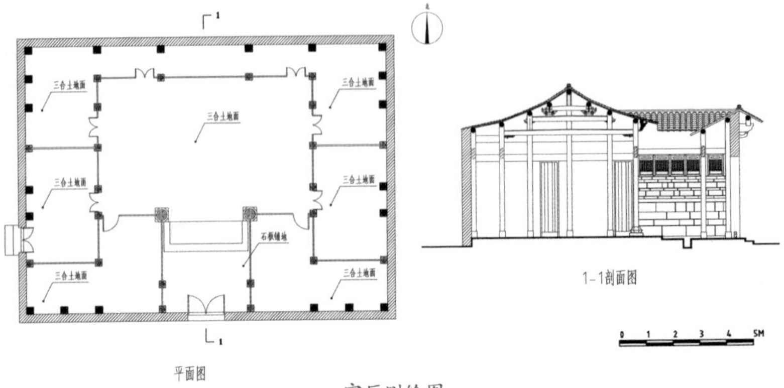

官厅测绘图

“麟阁世家”匾额。据史料考证，祠堂的选址是由在京为官的徐琼所定。祠堂坐北朝南，总体布局为五开间两进式，通面阔 19.8 米，通进深 35.8 米，建筑面积达 700 平方米。中轴线上布置门厅、享堂和拜殿。入口门厅为门廊式，门设在中柱上，前檐不封护。享堂是族人议事、举办庆典活动的主要场所。明间面阔达 7.4 米，进深 10 米，室内空间开敞明亮。梁架制作考究，正贴梁架采用插梁式，用材硕大，明间木柱尤为粗壮，柱径达 60 厘米。最后一进为拜殿，为供奉祖先牌位的地方，明间面阔 6.8 米，进深 7.5 米。整体三堂梯级上升，规模宏大，梁架考究，呈现出典型的明代建筑风格。

（4）官厅

又名“尚书第”。官厅是官员在致仕回乡后建造的住宅。该建筑位于柏轩公祠西北，规模较小，整体布局为一进式，占地面积约 150 平方米。正厅平面布局呈“假五间”形式，明间宽约 3.4 米，次间宽 2.4 米，稍间为 2.6 米。正贴梁架采用了减柱法插梁式构造，四柱九檩，前檐采用五踩斜拱，柱头科直接从柱中伸出来，无坐斗，平身科坐斗两侧施精美雕刻，

官厅斗拱

官厅梁架

结构与造型完美统一。受明代森严的等级制度影响，官厅虽规模较小，但工艺精良，使用斗拱体现了建筑的等级性。

4. 保护建议

大耿古村山水秀美，人文昌盛，其主要特色体现在风水绝佳的选址环境、科学系统的村落布局、规模宏大的古建筑群及厚重的耕读文化上。大耿古村有形的历史文化遗存与无形的精神文化遗产高度融合，是临川文化孕育下赣东地区传统村落的典范，具有很高的研究价值。近年来，在县、镇人民政府的主导下，古村落保护发展卓有成效。应继续对损毁的古建筑进行维护和修缮，进一步提高村民的保护意识。

图文：
段亚鹏　江西师范大学城市建设学院建筑系副主任
万　坤　江西师范大学城市建设学院硕士研究生

游湾镇
316 国道
枫山乡
枣树村
霞麓村
疏口村
茗溪村
上茗村
琅琚河
抚
河
疏山村
安吉村
抚 金 高 速
图 例
中国历史文化名镇
传统村落
琅琚镇

疏口村区位图

江西抚州疏口古村

1. 概况

疏口古村位于江西省抚州市金溪县琅琚镇，面积约 1 平方千米，东望武夷山，西达抚河，南临琅琚河、富屯溪，北靠信江。金溪县有座名寺——疏山古刹，原是琅琚镇疏口村吴氏先祖的居住地，与疏口村相距 2.5 千米，位于疏溪河畔。古村落犹如一把巨大的拂尘，一条东西向直街（即上边街）犹如拂柄，南北向街道和无规则的巷道交错组成一个半圆形，形如拂尘的上部。

2. 古村布局

古村明代形成以吴氏为主、多姓聚居，士、农、商多种行业并存，儒、释、道多元文化交融的“两街、十八巷、二十一池”村落空间格局。古村内祠堂、文官府第、民居等林立在抚河之滨，池塘南绕，水屋相伴，有“天官第”“大夫第”“增祠”“两节孝”等多处历史遗存。2019 年入选第七批中国历史文化名镇名村名录。

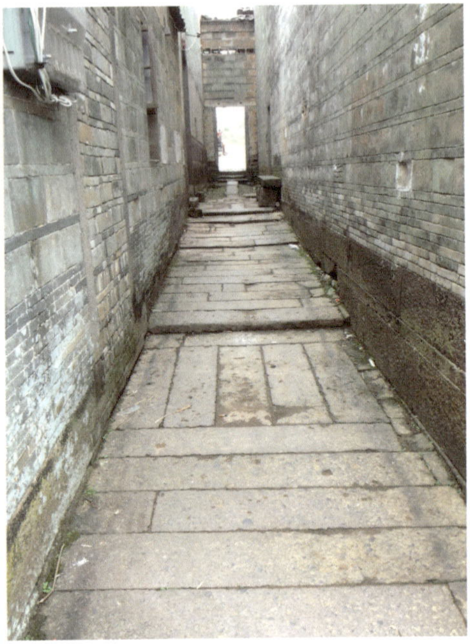

巷道组图

3. 建筑特色

疏口村以古建筑闻名，包括4座祠堂，3座书院，3座门楼，2座节孝坊，1座石桥，1个石亭和139栋民宅，实例有明代的天官第、司马第、明经第和溢祠，清代的大夫第、増祠、贤祠、疏溪书院、砚琴书院和东壁书房，还有“两节孝”石牌坊，古老但已废弃的水井和丰富族人生活的古戏台，以及古风犹存的吴春祥宅等。一条街道由西南向东北延展贯穿整个村庄，间以18条传统街巷连通，串联起149栋明清古建筑，由此形成7个古民居聚落群，类型齐全，全面展示了赣东地域的人文气息和历史特色。

（1）天官第

天官第为族人吴仁度的故居，建于明万历三十一年（1603年），东西向布置，坐东朝西。宅第有两进院落，正房面阔三间，进深九架椽（含后拖一架椽），单檐硬山顶，内部四层穿枋，前后檐由丁头栱承托出挑。宅第梁

唐氏节孝坊

书山垂荫

增祠室内构架

增祠柱础

架中童柱与穿枋的交接方式为搭楣——即童柱底部不开槽，而是刻榫直接搭扣于穿枋背上。前后两栋隔以天井，下有石砌泄水池。古村落内用青石板铺就的天官街宽3米，长约100米。

（2）大夫第

大夫第建于清雍正年间（1723—1735年），乾隆年间（1736—1795年）重修。整座建筑由东西两路组成，均有两进院落，东路设置重要建筑，西路为辅助建筑，较为低矮。大夫第坐北朝南，正房面阔三间，进深十四架椽（含后拖四架椽），前部廊道深两架椽，单檐硬山顶。内部梁架为四层穿枋，童柱与穿枋的交接方式为叉槽——即童柱底部开凹槽叉立于穿枋之上，构造手法简洁。

（3）增祠

增祠建于清代，位于村西南部，保存基本完好，坐北朝南，三堂二天井。中厅面阔三间，明间为插梁式构架，次间为穿斗式构架，进深均为八架椽，单檐硬山顶，前后檐由丁头栱承托。

（4）溢祠

溢祠建于明代，位于村东门上首，地势开阔，占地约660平方米。祠堂有百余根木柱落地，分为上下两部分，下部为高约1.5米的圆

吴春祥宅鸟瞰

石柱，上部承接木柱和房屋构架，石磉承托，有多种式样，雕刻精美。

（5）吴春祥宅

吴春祥宅建于清光绪年间（1875—1908年），保存完好。该宅分三路：中路设主要建筑；西路布置厨房和储备用房；东路布置附属庭院、过厅、储藏和休憩等用房。正房面阔三间，进深十架椽，单檐硬山顶，内部梁架为四层穿枋。在天井上方，古代工匠采用遮阳滑板来调节室内采光和通风环境；另增设遮阳挡灰板来达到遮阳祛灰的效果，富有地方特色。外墙使用空斗砖墙砌筑，室内地面采用一定配比的“明

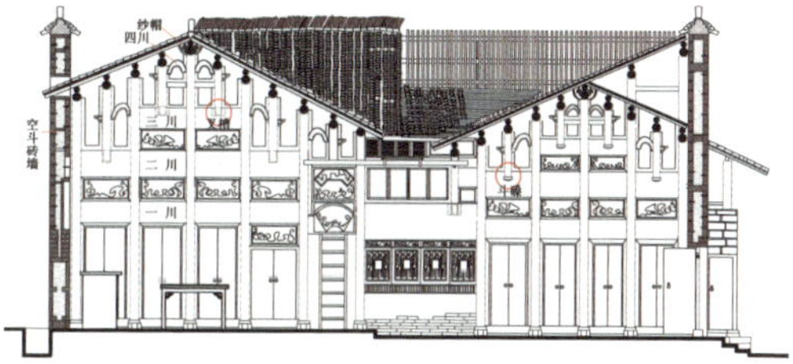

吴春祥宅剖面图（程佳俊、周家儒、申洁测绘）

吴春祥宅室内构架

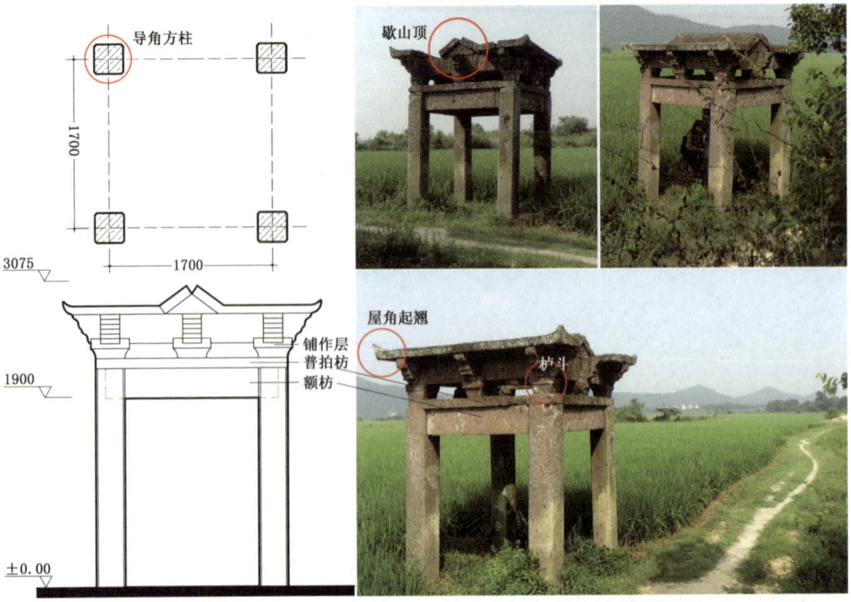

石亭平面、立面图

石桥组图

矾＋盐＋黄泥”三合土夯实，坚实美观，展示了赣东民居的地域特色。

（6）石亭、石桥

石亭高3米，四柱落地，柱断面为倒角方形。石亭的仿木结构做法非常地道，体现在斗栱、梁头、平板枋的设置和歇山顶、屋角起翘等处，尤其是歇山顶式样的意向示意。据此推测，其建造年代至迟应该在宋元年间。

石桥为五孔梁式平桥，长约22米，宽约1.5米。该桥用平行而紧密并列的5个方形桥洞构成，共5跨，每跨设置3片横梁。在桥墩和石梁之间加设了一组横梁，从而有效减少了石梁的跨度，保证了石桥的稳固性。桥墩由方形石柱和迎向水面似船头形状的尖状石柱构成，迎水面上翘，高昂雄健。

4. 保护建议

疏口古村历史悠久，文化遗存颇丰，这些传统建筑蕴含了丰富的历史人文精髓与古代大木作营造技艺，但随着时间消逝，传统建筑与历史景观均有不同程度的破损。新时期保护与传承乡土建筑及其营造技艺需要切实解决三大问题：一是如何让当地民众更好地参与乡土建筑保护与建设；二是如何借助新的数字化技术来强化对乡土建筑的理解和阐释；三是如何通过乡土建筑建设达成可持续的社会发展，真正确保当地民众利益的实现。

图文：
李久君　南昌大学建筑工程学院副教授
张晓薇　南昌大学管理学院博士研究生

考坑古村俯瞰

浙江丽水考坑古村

1. 概况

考坑村，坐落在丽水市青田县城北约 15 千米、海拔 300 余米的山中，系明代北山吴姓迁居繁衍至今，约 600 年历史。全村 60 多栋石木结构的传统民居集中成片。石屋外墙均为不规则溪石垒砌，屋架木结构，上铺小青瓦。考坑村是浙江省保存较好的特色石头村，也是青田县的革命老区村。

2. 古村布局

考坑村东、南、北三面环山，地势东高西低，中央平坦，西面村口山梁横贯南北，西北角有一缺口，1997 年才通公路。从村西口经跨溪石桥进入村落，是一处东西略长（约 300 米）、南北稍窄（约 150 米）的山间峡谷小盆地。村头有苦槠树、古樟树及红豆杉数棵，守望村落百年，甚为壮观。村头还有一座明代古庙“和顺殿”，因坍塌已于近年重修，大殿保持单檐歇山顶五开间“一”字形布局。

考坑古村与周边环境

殿旁石阶深邃，循阶而下可达溪流飞瀑脚下，是古时登山进村的步道。

一条山溪自东向西从村落所踞的小盆地北部流过，盆地中部和西部平坦，计有良田 20 余亩，是历代村民赖以生存的种植区。民居建筑集中位于小盆地东侧的缓坡地带上。位于村庄正前方的吴氏祠堂，建于清道光元年（1821年），四合院式布局，是村民年节祭祖、红白喜事的主要场所，是考坑村中最重要的公共建筑。近年来改建为“考坑文化礼堂”。祠堂正殿梁架仍保持清末五开间木构架形制，前厅经翻修新建了戏台。

村庄再往东的陡坡地带，经整理形成梯田，梯田之上则是起伏的山峦。沿着村北溪流向东北方向溯溪而上，则是高山流瀑、秀谷幽深。

据村民所述，这条流经村落的山溪，河床全为砂石构造，且为峡谷暗河，平时溪水从暗河流过，裸露的溪面并没有水，但能听到地下的潺潺水声，雨季水量充沛时，溪面才会有水通过，但

古村村口

祠堂

主路

古驿道

农耕生活

从未遭遇山洪，可见古村整体布局与排水的精妙。村后山上还有清代古庙1座和清代古窑1处，烧制石灰用于农业增肥。村旁现存2条古道，一条为船寮至温溪古道，一条至青田县城古道。

吴氏村民世世代代在这片山间盆地内种稻种菜、养鱼养羊，在周围山林种植板栗、油茶等经济作物，过着勤劳淳朴的山居生活。

3. 建筑特色

考坑村的传统石屋民居均依地势坐东朝西而建。为了节约用地，房屋多建为两层，双坡悬山屋面，正房一般五至七开间，屋面宽阔，出檐深远，前后檐墙往往加设披檐。正房与左右厢房组合成为三合院或四合院。院落一般为面宽大、进深小的扁长方形，房屋面向院落内部均采用开敞形式或用木板壁罩面，石墙仅用于外墙围护。

石砌墙体非常厚实，墙身下部厚度常近1米余，向上逐渐收窄。从室内看，石墙面是笔直的，但从室外看，石墙面自下而上略向内倾斜。需要特别说明的是，考坑村的古石屋都采用完整的木构梁架承托屋面，石墙仅用于外墙围护，这与北方民居的硬山搁檩或前后檐墙顶替檐柱的混合承重体系是不同的。石墙的垒砌也有规律可循：一般底层采用较大的石块，越往上则石块越小，房屋转角和门窗洞两侧的石块较大，越往墙面中间则石块越小。由于石墙厚重，故外墙上采用石板过梁的形式开少量方窗。为了通风，石砌墙面往往不砌到顶，而是与屋面留一定距离。

大而舒展的屋面，不仅沿坡面有举折，沿着屋脊线向两端也呈微微向上的反曲线，加上石墙外观略倾斜，这种古石屋的整体造型稳固而不失美观，与唐宋古建筑的“侧脚”与“升起”等古制十分相似。

村内小巷均为卵石铺就，中间一路用较大的石块铺装，两侧

建筑门头

古村民居

巷道

石阶小路

则用碎石，路面中间高两侧低，巷边与墙角之间留有明沟，以利排水。

4. 保护建议

考坑村位于山间峡谷盆地，古庙与古树相映，清泉与流瀑环绕，是一处生态环境优美的古朴山村。其石屋建造技艺源于明代，吴氏先人就地取材，取溪石砌墙，砍杉木架屋，为了把大小形状各异的石头砌成厚达40~80厘米（下大上小）、高5~7米左右的稳固墙体，不断探索改进，形成了一套实用而独特的石墙砌垒技术，并流传至今。村中较完整集中地保存着自清代中期迄今建造的石屋群落，古朴美观，风格独特，呈现出山村人居和谐的景象。2017年有上海客商承租3栋石屋，经改造装修后，开办民宿、餐厅，为考坑村的文化旅游产业迈出了

亟待修缮的民居内部

第一步。部分空置的民居屋架已经倾斜，亟待修缮维护与利用。近年建造的3栋砖混结构新楼房，与山村古朴风貌不符，虽已对外墙面加贴卵石以求协调，但在样式和高度上仍较突兀，今后须对新建翻建房屋予以审慎的控制。

图文：
袁 菲 葛 亮 上海同济城市规划设计研究院有限公司

所城北侧与护城河

浙江绍兴沥海所城

1. 概况

沥海所城地处浙江省绍兴市上虞区西北部，曹娥江汇入钱塘江并流入海处。这里自古为海防要区，旧时属会稽三十二都，宋为弦歌乡，元为太平乡，明初改延德乡，明洪武年间（1368—1398年）驻兵防守，筑城设所，得名“沥海所”，至今保持着“四方城池、环城河道、十字主街、巷坊水池”的明代海防所城规整格局。城内尚存数量可观的传统商铺、民居台门、寺庙庵堂等历史遗迹，城外远眺可见田园阡陌、鱼塘棋布的生态景观。

沥海先民自古在我国东南沿海的江滩海涂上渔猎围垦，过着潮进人退、潮退人进、亦渔亦农的艰辛生活。曹娥江下游水深江阔，受潮汐影响大，宋元时期人们便开始在江两岸加筑堤塘，名为“百沥海塘”，实则为曹娥江的江塘。塘身自沥海境域向东延伸，与浙东海塘相接，沥海恰位于江塘、海塘的共同护卫下，具有“江海

城池与田园

防合一”的战略要义，故以会稽、上虞两县之力防守——沥海城的东门、北门属上虞管辖，南门、西门则隶属会稽。

民间有诗云“万水来潮沥海所”，说的是著名气象奇观“浙江潮（钱江潮）”的源头“纂风潮”始于沥海。如今，在沥海境内的嘉绍大桥南岸桥身附近，还专门建有观潮平台，可以观赏水天之间一线潮头微涌的奇景。

2. 所城布局

明洪武年间（1368—1398年），信国公汤和奉旨在浙东沿海筑城以抗倭患。据史载，上虞丰惠城之城砖就被征拆来筑沥海城池，而城基则就近采用夏盖山的青麻石砌成。据民国《沥海所志稿》载：沥海所城平面方形，墙高二丈二尺（约7.34米），厚一丈八尺（6米）；置城门、城楼、角楼、敌楼、月城各四；池深一丈五尺（5米），广五丈五尺（约8.34米）；筑兵马司厅四、窝铺十六、女墙六百十一、墩台四。

所城选址占有山水形胜之利：南有偁山来朝，西有马鞍山，东有夏盖山，北有海北大山，城周为曹娥江巨流环绕。所城城心高于四门，四条长街——南门街、北门街、东门街、西门街，汇聚到隆起似高丘的十字街口，将方城划分为四个方形街区，每个街区内因地随形，均设一处外形不规则的水塘，用于排水汇水和防

主街街景

新旧结合的城隍庙

直接建造在城墙基址的民居

沿街商铺

民居巷道

民居院落

火消防之用。据坊间传说，所城内原有99口水井，在地下相互连通，以保持城内水位平衡。四城门内各有一座守城庙，分别为东街城隍庙、西街东岳庙、北街天后宫、南街关帝庙。四座守城庙虽规模不大，却有镇守四方、祈福避祸之意。所城东南隅另有一座宁海寺，意在祈求大海宁静、水患消散。所城内曾有两座牌坊，一是清道光年间建于街心的“杨义士牌坊”，一是位于西门沧塘街上的“孝子坊”，可惜皆湮灭不存。

明嘉靖年间（1522—1566年），戚继光率军在绍兴、宁波、台州等浙东沿海地区抗倭，沥海所城正是抗倭的前沿阵地。如今的沥海，虽然城墙已于1956年拆毁，但明代所城的形制基本完整——悠悠城河环绕，残高1米的城墙基础和月城遗迹都清晰可辨。城内十字主街宽阔笔直，沿街店铺连绵百余家；街坊内窄巷曲折，水塘古井尚存，传统民房密布，房高一至三层、坡顶居多、风格素简。城外约6米高的百沥海塘，经历代修葺保存至今。

3. 建筑特色

由于常年海风侵袭，所城内的传统民居大多建造低矮以避海风，房屋普遍进深较大，屋面曲线舒缓。二层楼房或建有阁楼的房屋，则多在正立面上加筑披檐，同时两侧山墙的中上部墀头也会相应配合，通过逐层叠涩出挑的造型来支撑较大的出檐，以保护木板壁和门窗免受风雨。很多民居大门外装有“短扉”，俗称“矮门”，以便敞开大门通风采光时，猫狗家禽等不会进入室内，而街坊邻居路过，与端坐屋内的主人笑语闲话倒是方便。

商贾官宦的合院式宅第通常院落广阔，铺地喜用大块面的长方形石板。正房从五开间至七开间、九开间不等，正房、厢房均设檐廊，开间较大的还专设有檐柱和挑檐梁，檐下牛腿雀替雕花繁复，

宗祠屋架

檐廊与木雕装饰

砖雕仪门与长窗隔扇遍布浅雕纹饰，体现了清末民国的风格特征，大概是近现代往来沪上经商者众，故建造风气也有趋同，如位于银行弄的杨奉德台门，位于所城西南隅的杨氏宗祠和薛氏当店等，都是保存较完整、具有本地典型建造特征的多进落合院式宅第。

所城东北隅的赵布政府第，位于龙王塘北，门厅五开间，中间穿堂尚留存四枚木制雕花门簪，月梁下有斗拱造型的柁墩，短柱的鹰嘴健硕颀长，颇具明代风格。正厅拆毁无存，左右两厢均为九开间二层楼房，前设披檐，院场广阔深远，可见曾经宅第恢宏，现为众姓杂居。

所城内房前屋后或街角巷边，总有许多陶制的大水缸，高约半人，口径1米有余。据百姓所言，此地濒海，井水盐卤味重，所以人们格外珍惜“天落水”，尤其是在自来水普及以前，家家都备有数个大水缸，放置在墙角屋檐下盛接雨水，用于日常洗涮，兼顾消防，有的合院内还专门用大石板拼砌成长方形水槽，也是相同的功用。

4. 保护建议

“沥海所城”是明代千户所的典型案例，是戚继光在东南沿海抗倭的前哨阵地，其江海防合一的战略选址、十字方城的规整布

大量民居亟待修缮

局，是我国明清军事卫所制度与海防体系的典型遗存；低檐下、短扉后，是宁绍平原闲适民风的活态延续，是滨海乡土文化的独特篇章。而所城内20世纪80～90年代建成的二至三层民房，其采用马赛克拼花镶嵌的外墙，具有鲜明的时代特色，反映了沥海作为当代建筑之乡的民间营造水平。近年来，虽民宅翻建较为普遍，所幸尺度均不大，若及时管控和整治，应能形成与历史风貌相协调的景致。

如今的沥海所城，位于绍兴滨海新城核心区块，紧邻杭州湾畔嘉绍跨海通道，从昔日的茫茫海涂、边疆哨所，到如今成为绍兴接轨大上海的桥头堡，其交通经济区位急速飞升，未来可期！

图文：
袁　菲　葛　亮 上海同济城市规划设计研究院有限公司

古城局部鸟瞰之一

青海西宁丹噶尔古城

1. 概况

丹噶尔古城位于青海省西宁市湟源县，地处青藏高原东端的日月山下，黄河北岸，西海之滨，湟水河上游，距西宁市40多千米。

汉唐时期，河湟谷地为湟水、药水汇流之处，北倚巍巍高山，西接青海，南连进藏要道，东有戎峡险可固守中原。自古以来乃兵家必争之地。西汉时于戎峡口湟水南岸筑临羌城，屯田守戍；唐初又于戎峡口湟水北岸筑绥戎城。

清顺治五年(1648年)西藏东科寺东迁至德木尔卡(今湟源县)八宝山之阳，一时香火鼎盛。东科寺周边形成集镇，茶马交易活跃，丹噶尔有了最初的发展。

清雍正二年(1724年)因镇压罗卜藏丹津叛乱，东科寺被焚。次年，镇海营参将奉命移驻丹噶尔。同年，茶马互市由日月山移设于原东科寺附近。

清雍正五年(1727年)三月，清政府动工修筑丹噶尔城，次年九月竣工，是年修建关帝庙。清

古城局部鸟瞰之二

乾隆十一年（1746年），创建社仓；清乾隆四十一年（1776年）后，陆续修建城隍庙、北极山庙群、金佛寺等庙宇。

丹噶尔古城自建城以来这里便逐渐成为商业、军事、宗教、民俗等多元文化交融的重镇。古城不仅具有悠久的历史和深厚的文化底蕴，还具有独特的地理位置。黄土高原与青藏高原在这里结合，农耕文化与草原文化在这里交会，唐蕃古道与丝绸南路在这里穿越，众多民族在这里集聚，素有“海藏咽喉”“茶马互市”的美称。

街景之一

街景之二

2. 古城布局

丹噶尔古城总占地约 30 公顷，具有典型的棋盘式格局和鱼骨状路网的两街六巷三城壕的街巷体系。其中，两街由横向的东大街、西大街构成；六巷由大什字街、西什字街、小什字街、大庙巷、庙巷和北街组成；三城壕由东城壕、南城壕、西城壕组成。

目前，古城内共有 1 处全国重点文物保护单位，3 处省级重点文物建筑，10 处县级重点文物以及 41 处历史建筑（院落）。如城隍庙、文庙、福音堂、火祖阁等都具有

城隍庙全景

城隍庙内景

较高的文物保护价值。

3. 建筑特色

丹噶尔古城民居建筑具有四合院与庄窠相融合的特色。民居北房一般为正房，居中为堂间，两侧为卧室，东西房为厢房，东北或西北角为伙房，厕所多在西南角，大门一般修筑在东南角，取“紫气东来”之意。进大门迎面为影壁，镶有砖雕的各种吉祥图案，门外一般有上马石和拴马桩。大户人家多为一进两院或三院。院落中间建有花坛，中心位置埋有装着五色粮食、西海圣水及金、银等物的镇宅宝瓶，并种有丁香、牡丹、探春、碧桃、芍药、竹子等植物。

丹噶尔古城民居建筑从形式而言，分为多院落式和单院落式；从功能而言，居住建筑不仅具有物质性功能（卧室、客厅、花园、厨房、角房、厕所等），而且还具有精神方面功能，如祭祀等。

（1）多院落式

多院落式是两个或多个院落组成的建筑形式，天井中间有一个砖砌小花园，建筑呈中轴线对称。建筑主体一般为一层平顶建筑，部分大户人家正房为二层坡屋顶建筑。门楼一般位于院落的东南角，为二层坡屋顶建筑。主要有两进院和一进院前面带一个围墙围成的小型院落两种院落形式。

（2）单院落式

单院落式由四面建筑组合而成，围合而成一个天井，天井中间有一个砖砌小花园，建筑呈中轴线对称。建筑主体一般为一层平顶建筑，部分大户人家正房为二层坡屋顶建筑。门楼一般位于院落的东南角。

民居院落内景

立面修缮示意

1-1剖面修缮示意

2-2剖面修缮示意

蒲钦舜民居测绘图

特色门头

砖雕

瓮城门楼

迎春门

4. 文化价值

古城布局严谨的街巷体系、结构独特的民居院落、气势恢宏的寺院庙宇，保存完整的“歇家”商号，风格迥异的湟源排灯，无不承载着厚重而文化多元的信息，展示着边塞古城浓郁的民族特色、地方特色。

（1）昆仑文化

丹噶尔古城历史悠久，古为羌人居地，古羌部落即为“西王母国”。诸多文化遗迹都印证着丹噶尔古城是华夏先民古羌人生活栖息的地方；是河湟地区历史文化遗存保留最丰富、最完整的地区之一。

（2）商贸文化

自西汉以来，丹噶尔古城便成为商贸要地，唐王朝与吐蕃在今日月山下设立了青藏高原上的第一个“茶马互市”的商衢之地。清中晚期“茶马互市”逐渐移到丹噶尔古城，成为当时西北地区最大的贸易集散地。

（3）军事文化

丹噶尔古城特殊的地理位置，使其成为兵家必争之地。自西汉以来的2000多年间，历代王朝修筑城堡，设置军事据点，千方百计争夺控制权。至今古城境内还保存了20余处古城堡及百余处烽燧，构成了一道城堡相连、亭燧列望的防线，成为科学而完备的军事防御体系。

（4）宗教文化

随着商业贸易的发展和各民族的文化交流，丹噶尔古城逐渐成为宗教圣地。古城内陆续修建了10多处宏伟的寺院庙宇建筑，将儒、道为核心的汉文化，以藏传佛教为核心的藏文化和伊斯兰教为核心的回族文化展现得淋漓尽致。

（5）民俗文化

丹噶尔古城的各个民族在这里交会融合，各种文化在这里相生相长，形成独具特色的民俗以及特色美食，国家级非物质文化遗产湟源排灯更是为古城增添了丰厚的文化内涵。

存在安全隐患的历史建筑应进行抢救性修缮

5. 保护建议

丹噶尔古城因地处西北经济欠发达地区，城市化进程较慢，也因此古城区的历史文化遗产得到了基本保护。

近年来，在各级政府和社会的高度重视下，湟源县已编制完成《湟源历史文化名城保护规划》（2015—2030）。该规划的编制不仅为湟源名城保护提供了法定依据，更为国家历史文化名城的申报打下了基础。

随着湟源发展建设速度的加快，名城保护工作将面临更大的压力。丹噶尔古城在将来的保护和改造过程中，首先，针对存在安全隐患的历史建筑应进行抢救性修缮，要严格按照原有特征，使用相同材料进行修复，做到修旧如故。其次，对古城周边风貌不协调的建筑应进行立面改造，以尽可能达到与古城风貌相协调，严格控制古城区周边地段的建筑体量；同时要加大基础设施的投入，古城区做到全部市政管线入地，改善居住环境；更要完善旅游配套设施，提高古城旅游接待能力，并在此基础上统筹安排各项建设项目，促进丹噶尔古城的保护更新和协调发展。

图文：
周海东　同济大学国家历史文化名城研究中心主创规划师
梁国峰　同济大学国家历史文化名城研究中心规划师

龙溪古镇整体风貌

重庆巫山龙溪古镇

1. 概况

重庆市巫山县龙溪古镇坐落在巫山县城西北部、风景秀丽的大宁河小三峡上游，至巫山县城陆路 87 千米，水路 66 千米；至巫溪县城 35 千米，水路 20 千米；至奉节县城陆路 66 千米。这座重庆市第二批的历史文化名镇，三面环水，形成半岛，面积颇小，不足 5 公顷，被誉为盆景式的古镇。

2. 古镇布局

龙溪古镇由长龙街、上街、中街、下街 4 条古街形成了古镇主要骨架。长龙街南北贯通，上街、中街、下街分别东西向连接长龙街与上、中、下 3 个码头，古镇街道由一块块石板铺就而成，很是宁静。目前，下街由于房屋的建造已经阻塞，但 3 处码头仍可觅得踪迹。其中上码头作为由巫溪至巫山的客船停靠，仍在使用，由巫溪顺流而下至巫山，一路经过大昌古镇、小三峡景区，风景甚是秀美。

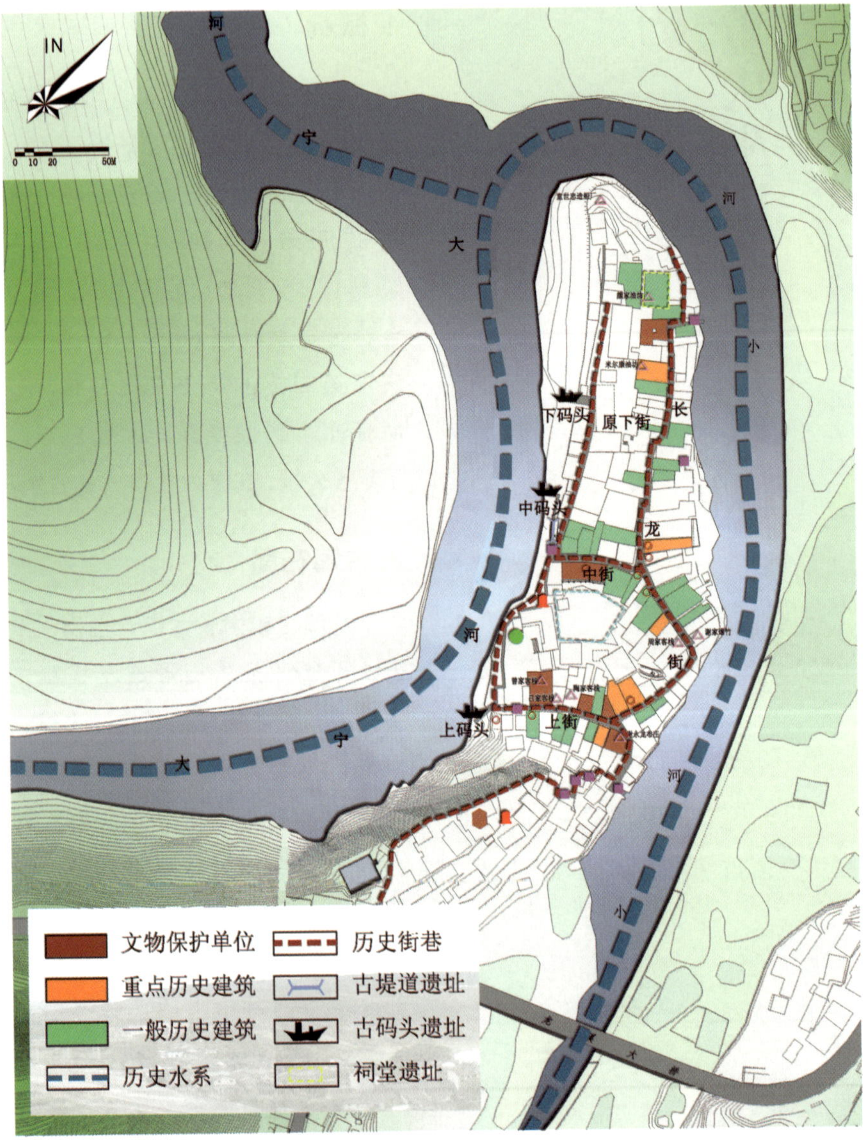

龙溪古镇格局及特色要素

上街

高低起伏的古镇街道

中街

中街建筑

3. 建筑特色

龙溪古镇的价值体系包括 3 个主要的方面。其一是山水环抱的历史空间格局；其二是作为大宁河上重要节点，古镇依势起伏颇具三峡古镇特色的空间感受；其三是现存的不同历史时期的遗存所构成的完整历史环境。在古街两侧共有 40 余栋历史建筑，多为居住建筑，以清代古建筑为最多，间有民国时期的建筑，并且建筑保存完好、特色鲜明。传统建筑以市级文物保护单位杨家老屋，县级文物保护单位上街谢芝海老屋、上街吕家老屋为代表，砖木或土木结构，青砖黛瓦，四合院制式，穿斗式梁架，或川东乡村建筑风格，或浙江民居风格，风貌多元且保存完好。民国建筑以市级文物保护单位苏家洋房、县

不同时代历史印记

曾作为医院的民国建筑

曾作为医院的谢家老屋

长龙街建筑之一

长龙街建筑之二

级文物保护单位上街谢家老屋为代表，中西相结合，单檐硬山，穿斗梁架，拱门、拱券、柱头、线脚均为欧式风格，足见近代龙溪的繁荣程度。除此之外，还存有民国时期修建的六角攒尖土木结构碉堡1处，墙体的弹孔至今仍清晰可辨，以及“文革”时期的毛主席诗词、批语等历史痕迹，在一个如此袖珍的古镇中，可谓历史信息极为丰富，也构成了龙溪古镇的历史文化基底。

4. 保护建议

目前，龙溪古镇几乎为空置状态，人口大多搬迁到新镇区中，居住人口不多，一座久远的古镇渐渐地沉寂下来。古屋因常年未曾使用，建筑普遍年久失修，几处文物保护单位的修缮状况也并不理想。因此，首要工作是对于历史建筑的保护与修缮。保护规划中，已经确定了古镇的保护框架以及保护内容，接下来应按照规划内容做好保护古镇历史风貌、更新古镇基础设施、激活古镇发展功能等工作。作为小三峡上游的节点，坐拥山水环境，古码头仍通航客船，历史遗存完好且具有特色，龙溪古镇极有可能接下来与大昌、宁厂一起，成为巫山巫溪旅游线路中水上游线的重要节点。

亟待修缮的传统民居

图文：
张晨杰　同济大学建筑与城市规划学院博士后

界首古镇鸟瞰

广西桂林界首古镇

1. 概况

界首古镇在广西壮族自治区桂林市兴安县城以北15千米处，是一座具有千年历史的古镇。明朝大旅行家徐霞客的《徐霞客游记》中就有关于界首"乃千家之市，南半属兴安，东半属全州"的记载，而全州县在明洪武二十七年（1394年）以前受湖南管辖。由于从前地处湖南与广西交界，界首可能因此而得名。

界首古镇是兴安、全州、灌阳和资源四县的交通枢纽，其位于湘江畔，顺着湘江向北可以到达湖南、湖北地区，而湘江通过灵渠与漓江相连，漓江最终汇入西江，并进入珠江流域，所以向南可以到达两广地区。因此，这里自古就是湖南、广西、广东商人往来的重要通道，是湘桂航运的必经之地。界首镇人口汇聚，商贾云集，素有"上界首，下庙头"之誉，号称"桂北四县乡镇第一街""桂北版清明上河图"。界首古街于2006年被国务院评为"全

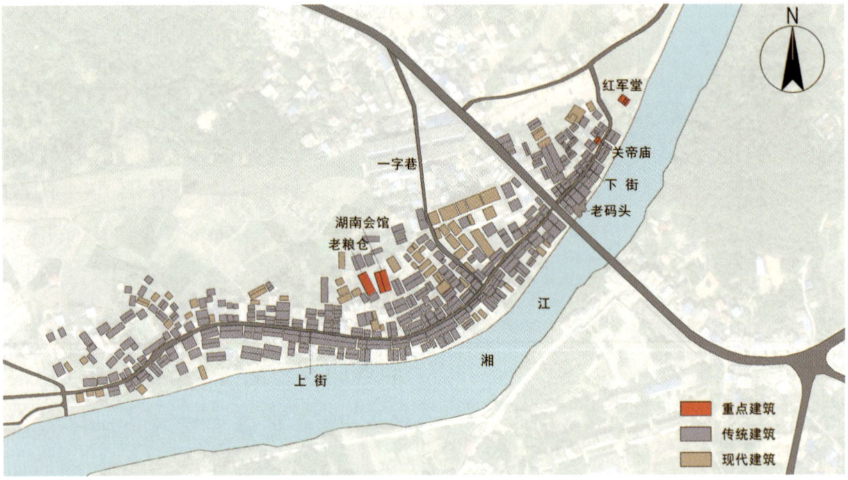

界首古镇总平面图

国重点文物保护单位”，2014年界首古镇被国家住房和城乡建设部评为“中国历史文化名镇”。

2. 古镇布局

古镇主体沿着湘江从西南到东北方向发展，呈带状分布。最主要的古街位于湘江西岸，沿着与江岸平行的方向一字排开。以湘江上的大桥为界，古街的上游段被称为上街，下游部分则被称为下街。

从古镇上千米的古街可见当年商贸交易的繁华景象。以前这里的河道宽深，往来贸易频繁，与古街垂直的众多巷道直接通向江边，形成了许多水路转运的码头，例如：萧家码头、彭家码头、四排街码头和五排街码头等。与古街垂直的还有一条较为宽阔的一家巷。

繁荣兴盛的商贸文化促成了界首古镇的形成和发展。古街的5条街上，五排街聚集了挑夫、打铁之类的劳动者，四排街有豆腐坊、松烛坊、裁缝铺和药铺等手工作坊，青龙、黄龙、红龙3条街有湖南会馆和江西会馆，“裕昌隆”“志源祥”等老商号都见证了这些街道上繁荣的商业贸易。

3. 建筑特色

界首古镇最具有特色的就是古街及其建筑。古街始建于明朝，全长1000米有余，街上有数百间骑楼，上千个廊柱沿着湘江一字展开，既遮阳避雨，又便于商品交易，盛极一时。古街曾分有五排、四排、青龙、黄龙和红龙5条街。界首古街是广西目前保存最完好的骑楼古街之一。在古街的上街段，还分布有湖南会馆和老粮仓，而关帝庙、江西会馆和红军堂则位于下街。

（1）骑楼建筑

古街上的骑楼沿着江面一字展开，而屋顶又高低不同，沿江面形成了错落有致的天际线。同时，骑楼建筑两边的檐口线也在不同的高度将双坡屋顶分为了长坡和短坡，垂脊还带有一点弧度，从

骑楼古街之一

骑楼古街之二

骑楼建筑

骑楼建筑外廊道

山墙面看过去，屋顶参差有致，展现出优美的建筑形象。骑楼的正立面连廊连柱，多采用木板门窗，立面连续完整、和谐统一，具有独特的韵律美。侧立面多用夯土，并混合青砖、红砖砌筑，具有强烈的乡土气息。屋面铺设传统的黑布瓦，与柔和错落的屋顶曲线相辅相成，相得益彰。

骑楼上楼下廊既能遮挡骄阳烈日和风雨侵袭，营造凉爽舒适的室内外廊道空间，又有利于商铺的经营和发展。从古街上大量的骑楼特征可以看出，以前有很多广东籍的商人在此经商，并由此带来了这种中西合璧、多元共存的建筑风格。在骑楼街上，还能看到很多户人家门前存留着老式的按压式水井，有些仍然在日常生活中发挥着作用，别具格调。

（2）湖南会馆

湖南会馆位于上街段内部的一

红军堂外观

片空地上，从一条小巷进入。会馆的建造时间不详，主体建筑基本保存完好。会馆整体为五开间，双坡屋顶，屋脊及檐口均没有复杂的装饰，屋面为黑布瓦铺设，正立面每开间的上方都开设有木质的高窗。湖南会馆的正对面有一个老粮仓。斑驳的湖南会馆和老粮仓一起见证了古街和古镇曾经繁华的热闹景象。

（3）关帝庙与江西会馆

关帝庙位于下街的东北端。据记载，乾隆己酉年即 1789 年，界首镇同乡人李时沛、彭子布、石玉清募捐建设了上、下两个渡口，又在界首镇的湘江西岸筹款建设祠堂来供奉文昌、关帝之神，这就是后来的关帝庙。1934 年 11 月 27 日至 12 月 1 日，中央红军长征突破湘江抢渡界首渡口时，曾在这里演文明戏，向当地的老百姓宣传革命道理。此后，关帝庙由于年久失修而倒塌，现在看到的关帝庙门楼是在 2016 年重新修复的。门楼主体面宽为三开间，进深也为三开间，平面近似呈正方形，侧立面两侧各建有封火山墙，在双坡屋顶的古街中别具一格。

关帝庙的墙上尚存有石碑。在关帝庙的门楼之后，还建有江西

红军堂内部

红军堂内部天井

会馆，只是建筑已经损毁殆尽，现只能看到一丝残垣断壁的痕迹。

（4）红军堂

红军堂位于古街的东北末端。红军堂为全国重点文物保护单位。整体建筑为两进式院落布局，中间有一天井，前后进房屋的侧面均有封火山墙，且在山墙顶部都有翘脚微微飞起。其中后一进房屋为主体部分，双坡屋顶，其内部为穿斗式木结构，山墙面开有侧门出入。红军堂为青砖和红砖砌筑，正立面大部和山墙顶部有白色抹灰进行装饰，整体建筑显得十分庄重。

4. 保护建议

界首古镇保存较为完整，建筑的现存状况均良好，古街上的骑楼建筑都还保留着原有的风貌和特色。当地政府已经划定了具体的保护范围和内容。保护区域北至红军堂北面小水渠，南到界首镇小学，西至界首村公所水田，东至湘江东岸，总面积约为1平方千米。现有古街道、房屋、码头、桥梁等都在保护范围以内。

为进一步保护和发展界首古镇，更好地展现古镇多样的建筑文化、商贸文化和红军文化，建议对现存的古建筑进行测绘和评估，定期进行结构检查和风貌维护，同时对湘江沿岸的码头及水岸线进行保护和景观处理，突出界首古镇因水而兴、临水而居的地域特色。

图文：
赵　逵　华中科技大学建筑与城市规划学院教授
邢　寓　华中科技大学建筑与城市规划学院硕士研究生

古村整体鸟瞰

北京门头沟爨底下古村

1. 概况

爨（cuàn，烧火、煮食之意）底下古村位于北京市西部门头沟区斋堂镇西北部，距北京市区约90千米，处于群山环绕的太行山脉。起源于明朝，为韩氏家族聚居之地。其发展得益于明正德十四年(1519年)修建的古驿道，爨底下古村在明清时期一度是京西古驿道上的商品交易客栈。古驿道给爨底下带来了农商结合的经济形式，也就带来了繁荣。抗日战争时期，村内部分房屋被烧毁，废墟至今可见。新中国成立后，丰沙县铁路和109国道开通，古驿道功能则逐渐衰退，村落转变为以农业生产为主。改革开放之后，村内劳动力大量外流，爨底下村的发展基本处于停滞状态。

2. 古村布局

古村依山就势，村左有东坡梁、鳌峪东坡梁，村右有北坡楞子、柏峪台北坡，格局极具传统筑村特点，整体上分为上、下台

村路

院落

古村民居局部鸟瞰

面，村上和村下被一条长200米的弧形墙垣隔开，以龙头山为中心延展出一组放射状扇面形建筑群体，村内道路趋山而行，上、下两个台面分别有一条平行于等高线的主路，两条主路加上众多山道和院落之间的巷道四通八达。村内现存74座合院建筑，房屋689间。院落之间依血缘关系组合成片，也随台面分层，有的院落沿垂直等高线方向纵向排布，有的则是沿平行等高线方向横向排布，还有的院落在纵、横方向上均有伸展。下层台面面积较广，院落纵向排布，遵循中国传统营造的“轴线”和“向心”原则。而位于上层台面的院落则因受地形限制多呈横向排布。像广亮院这样的院落需要面积较大，只能在两个方向上同时延伸。爨底下村的公共建筑均为庙宇建筑，有的建在村内，有的建于村外山头。

广亮院

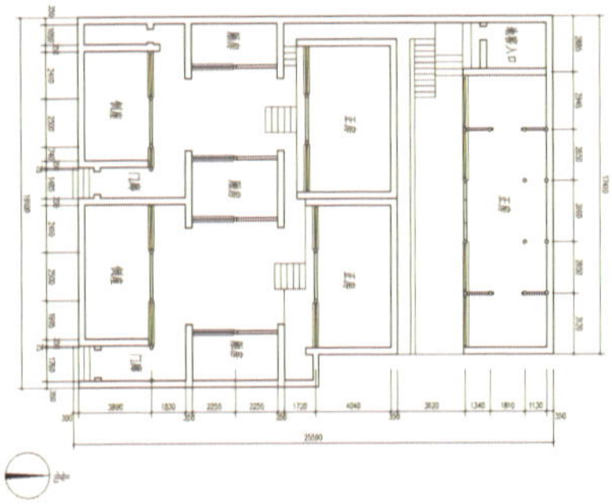

广亮院平面图

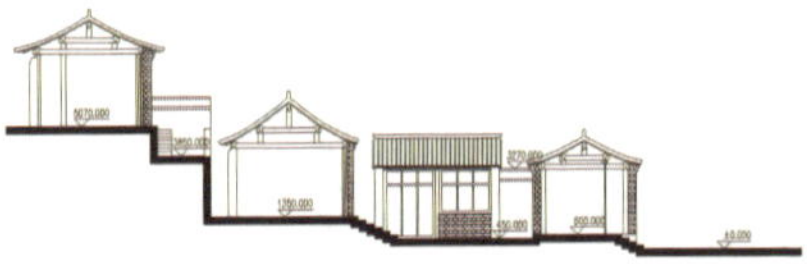

广亮院剖面图

3. 建筑特色

爨底下村的合院多为四合院、三合院，也有不规则的合院形式。四合院是村中最常见的平面形式，其轴线清晰，部分还设有耳房和罩房，大多有门楼，也有的把一侧厢房作为院落入口。三合院则少去了倒座房，借一面墙或者其他院落的后墙形成围合，部分三合院的入口还会设在正房的西北角。不规则的合院更是居民于独特地形灵活发挥合院形式的体现，虽然形式灵活，但正房、厢房、倒座房却是一应俱全。院落整体朝南，并且逐层抬高，而且正房的高度一般会高出其他房间 1 米左右。尺度上，村内的合院虽不像北京四合院那样方正大方，却也怡然自适，庭院一般 5 ～ 6 米见方，房间的开间小，布置紧凑宜人，通风、采光俱佳。

建筑细部丰富多彩，而且其纹饰雕刻往往含有吉祥祈福之意，较为出彩的细部如清水脊、墀头、门墩石、门神龛、影壁等，甚至有多处铺地采用紫石石板以取意“紫气东来”，影壁形式多样，大多装饰以吉祥文字或壁画。

4. 保护建议

如今的爨底下村已有一定程度的保护和修缮，大部分房屋保存良好，纷至沓来的游客，带动了当地经济的发展。但原住居民的流失和随旅游产生的季节性空心化和民居空置问题显著，成为制约古镇今后发展和延续的瓶颈，防止过度开发也是目前要面临的一个问题。

图文：
葛　亮　同济大学国家历史文化名城研究中心
余雪悦　同济大学建筑与城市规划学院

石河场村平面图

四川南充石河场古村

1. 概况

石河场古村位于四川省南充市南部县石河镇边缘，因两溪流水绕场相交汇，溪水清澈且全为石床河底，故名石河场。其地处四川盆地的东北部，嘉陵江中游，距南部县县城23千米，为9个乡镇的交会处，是宋代真宗年间（998　1022年）增设的乡（场），曾经的烽火驿站。因其上达盘龙，下至度门、新政，水陆交通便利，故成了该区域的政治、经济、文化及商贸中心，当时北至陕西、南至重庆的商贾多汇聚于此，古村店铺林立，商贸十分活跃。

石河场古村历史悠久，民风淳朴，代表性的民俗文化有元代杂剧、舞龙传艺，还有车车灯、金钱棍、彩扇秧歌等民间小剧，这些都是当地民众自发组织的节庆表演，因唱词简单幽默、风趣生动，深受广大村民欢迎。石河场村成为第二批列入中国传统村落名录的村落。

城隍土地庙为记录人们功过之地

古村民居多为 2 ～ 3 层建筑

街道之一

街道之二

2. 古村布局

石河场古村布局及街道脉络清晰。村内古街分为上街、中街、下街，上街建有文昌宫，对面为文昌宫戏台，现今戏台仍在使用，留有大片空场；中街修建有城隍土地庙；下街为张爷庙，庙后双溪交汇处架立着咸丰古桥，山两边种植松林超过 213 公顷。

古街总长 608 米，街宽 5.9 米，呈“一”字形街道格局。街旁建筑高低错落，多为 2 ～ 3 层建筑，

雕刻有花卉图案的柱础

古村民居为典型的川北民居建造风格

层高约为2.3米，古建筑房屋共计192间，建筑总面积1.2万平方米，其中店铺就有161间，依然保留着完整的明清风貌，体现了传统古街巷的典型特色。

村落北边紧靠嘉陵江，山上树木茂盛，空气新鲜，地势幽静，两溪和松林沟清水长流，小溪上设有凉水井、乌龟石等。曾有古诗云“上文下武中城隍，咸丰古桥连望乡，双溪流水绕场后，绿柳成荫百花香”。

3. 建筑特色

石河场古村现存建筑全为清代所建，浓墨重彩，具有青瓦、粉墙、坡屋顶、穿梁斗拱的建筑结构；建筑色彩浓重，常用彩绘雕花等来进行建筑的装饰；墙体多采用竹编泥墙，这些建造特征都能体现出典型的川北民居建筑风格。

房屋开间一般为3.6米左右，进深为8～20米，因自古以来石河古街就是经济文化及商贸中

屋顶横梁

心，房屋同时为商业功能服务，前庭临街铺面以活动木板为门，关即为墙，开即为市。卧室一般设置于二楼，厨房、厕所设置于后房后部分，一般人家无专用堂屋，大户人家设有天井、厅室、堂屋等。

建筑内部也充分显示了川北民居特色，屋顶挑梁均雕刻有精美的花鸟虫草龙凰图案，寓意吉祥美好。建筑结构体现了当时高超的技艺水平，以立柱和横梁结成梁架，檩条上通过青瓦覆盖连成屋面，房间之间用木质裙板或土墙相隔，川北民居这种传统的建筑手法，使墙面的承重压力得到减轻，便于门窗等的自由开设。

（1）文昌宫

文昌宫位于古村的上街街头，总面积1200平方米。据资料记载，文昌宫为康熙年间（1662—1722年）设立的官办小学，弘扬儒学思想，文昌宫中堂设立孔子塑像，相传阆中陈氏三状元当年就曾经在此读书。此宫为全木结构，具有典型的川北特色，以原木色为主，屋顶铺就小青瓦，四角飞檐精雕细刻、古色古香；门窗布局造型也十分讲究，注重细节雕琢，强调粗中有细。宫前种植树龄逾200年的黄葛树，旧时在我国西南一带，只有寺庙及公共场所可以种植此树，它在佛经里被称为神圣的菩提树。其树干虽然已空，但仍然枝繁叶茂、古意盎然。

（2）张爷庙

张爷庙始建于清乾隆六十年（1795年），为南部县文物保护单位，建筑为全木穿斗结构，做工考究，梁檐雕刻的花鸟虫草龙凰图案活灵活现，线条十分细腻，

文昌宫是为了纪念文昌夫子，弘扬儒学所建，现为村民进行求拜祭祀所用

张爷庙

设计精美。屋檐四角起翘，屋脊正中用青瓦堆砌成特殊的官帽形。庙前立有《张爷庙碑序》，川人尊称张飞为“张三爷”，以传承其忠贞、威武、刚直不阿的品格。在张爷庙的对面，建有张爷戏台，供村民日常娱乐生活所用。

4. 保护建议

石河场古村保留着较为完整的村落街道格局，具有丰富的历史遗存和独特的乡村环境，可以反映出此地的发展脉络与古代巴人的传统遗风，科研与建筑艺术的价值都很高。政府虽较为重视对其传统建筑及街道的保护，但因历史及人文观念、公民整体素质等原因，不少建筑已经破败，且村庄风貌问题十分突出，新建砖石房屋与古建筑格格不入。在未来发展中，应重视对古建筑的修缮及保护，对新建建筑可延续川北地方特色；应重视对村落整体的保护规划，立足现实，制定科学规划，划定保护范围，制止破坏古建区域的建设活动；应不断提升村落的基础及公共服务设施建设，提升居民生活品质、优化游客体验；应重视对古建筑如文昌宫、张爷庙等原有功能的使用，定期举办民俗文化节、庙会等活动，对非物质文化遗产进行有效的传承及延续。

图文：
曹　迎　四川农业大学建筑与城乡规划学院副院长教授
郑梦雅　四川农业大学建筑与城乡规划学院硕士研究生
陈　雨　日本北九州市立大学博士研究生

图书在版编目（CIP）数据

遗珠拾粹：中国古城古镇古村踏察. 四 / 阮仪三主编. — 上海：东方出版中心, 2021.1（2025.9重印）
ISBN 978-7-5473-1705-1

Ⅰ. ①遗… Ⅱ. ①阮… Ⅲ. ①城镇－介绍－中国
Ⅳ. ①K928.5

中国版本图书馆CIP数据核字（2020）第205898号

遗珠拾粹：中国古城古镇古村踏察（四）

主　　编　阮仪三
策划/责编　戴欣倍
装帧设计　钟　颖

出 版 人　陈义望
出版发行　东方出版中心
地　　址　上海市仙霞路345号
邮政编码　200336
电　　话　021-62417400
印 刷 者　上海丽佳制版印刷有限公司

开　　本　700mm×1000mm　1/16
印　　张　24.5
字　　数　294千字
版　　次　2021年1月第1版
印　　次　2025年9月第3次印刷
定　　价　128.00元